池田大作

**走在大道上**—— 我的人生記錄（第一卷）

作　　者：池田大作

責任編輯：黎彩玉　蔡祝音

封面設計：楊啟業

出　　版：商務印書館（香港）有限公司
　　　　　香港筲箕灣耀興道 3 號東滙廣場 8 樓
　　　　　http://www.commercialpress.com.hk

發　　行：香港聯合書刊物流有限公司
　　　　　香港新界大埔汀麗路 36 號中華商務印刷大廈 3 字樓

印　　刷：美雅印刷製本有限公司
　　　　　九龍官塘榮業街 6 號海濱工業大廈 4 樓 A

版　　次：2013 年 7 月第 1 版第 1 次印刷
　　　　　©2013 商務印書館（香港）有限公司
　　　　　（精）ISBN 978 962 07 6517 9
　　　　　（平）ISBN 978 962 07 6518 6
　　　　　Printed in Hong Kong

# 前　言

　　1998 年 2 月 2 日，我滿 70 歲了，已是所謂的 "古稀"。老齡化社會的到來，70 已經不再是 "稀" 了。但據說這是來自杜甫的詩句：

　　　　酒債尋常行處有，

　　　　人生七十古來稀。

　　意思是，欠酒賬是平常的事，到處都有，但人生能長壽活到 70 歲，卻是自古以來少有的。這樣的詩句頗有杜甫的反抗精神。

　　我酒量極小，生性不嗜酒。若是我喜歡喝酒的恩師，一定會為第一句詩呵呵大笑，為我 70 歲乾杯。

　　遇到恩師戶田城聖先生是在 1947 年 8 月，當時我 19 歲，戰爭慘禍的創傷尚未治癒。那是一個傍晚，蟬聲陣陣，好似惋惜那將逝去的夏天。恩師所說的字字句句都深深地滲入我的心中。這次命中注定的相遇，決定了我的人生。我吟了一首即興詩：

旅人啊，

你來自何方，又往何處去？

月已西沉，日未東升，

在黎明的混沌中，

為尋求光明，我將繼續前進！

詩是思想的最直接的表達。我認為它坦率地吐露了我面臨旺盛的青春期，不斷探求人生意義的心情。

當時，我這位人生的導師正處在困境之中，但他仍然不斷地磨礪着我這塊路旁的原石。生來體弱多病的我，也極力不辜負恩師的期待，支持恩師，無暇顧及健康。看着疲憊不堪、病弱消瘦的我，恩師嘆着氣說："恐怕活不到30歲！"更為學會的前途感到擔憂。

在一次慶祝新年會上，恩師當着眾人的面，撲簌簌地流下眼淚來。妻子的母親也在場，聽了恩師的話，她相信我活不長，暗自傷心。因為我經常要外出工作，是她無微不至地照顧着我們的家。

恩師曾跟我說："你要活下去！我寧把我的命給你，你一定要活下去！"這話也刺激了我妻子的心，她不遺餘力地支持着我。我對她唯有感激。妻子是和我同甘共苦的同志，是最了解我的戰友。

靜靜地回顧我滿70歲前的往昔。因為早就作了活不長的思想準備，所以不斷地給自己制定任務，搶在時間的前面，抓緊工作，渡過了沒有停歇的歲月。不論甚麼情況，關鍵都在於思想上如何對待。

這半個世紀，感覺就像是一瞬間，而另一方面，又像是漫長、遙遠、沒有盡頭的路程。因為運動是不會有終點的。

戰後，失去了一切的日本人，一個勁地為復興經濟流着汗，但是，猛然發覺文化卻大大地墮落了。每天一味地競爭、競爭，我們身處的社會，不知甚麼時候變得連他人也不關心了。教育也是一片荒蕪，被"偏差值"追逼的教育現場，連孩子特有的天真活潑也失去了。家庭的紐帶也鬆散了。乍看上去，物質上是豐富了，但精神的貧乏簡直令人不忍目睹。

來自何方，又往何處去 —— 忽視對人的生命真摯的探究，忽視約束自身的精神性，其結果就造成了今天沒有展望、衰退的世道。今天需要的是真正扎根於人、給人帶來活力的哲理。

二十多年前，我在一家報紙上連載了《我的履歷書》。我作為一個經營紫菜業人家的兒子，出生於東京的大田區，原來興隆的家業日漸衰落，從背上感受着沉默寡言的父親的嚴愛和母親無私的慈愛中長大 —— 連載文字從這樣的少年時代開始寫起，一直寫到 1975 年 1 月我在太平洋上的關島創立 SGI（國際創價學會），被推舉為會長。

後來有人要求我寫關島以後的事情，於是我在《第三文明》雜誌上，以"我的人生記錄"為題，開始連載，現在仍在繼續。一次次的連載，不知不覺地已有一本書的分量。據說這次要匯集成書。

總之，由牧口常三郎第一任會長以獄中殉教點燃火炬，由第二任會長嘔心瀝血使其燈火輝煌的宗教運動，已發展成為精神覺醒和人性革命的廣泛的民眾運動，照亮了時代的黑暗。我"走在這條大道上"，感到無比自豪。

現在佛法果然踏上了通向世界的激動人心的旅程，遍及了 128 個國家和地區，其思想正打開通向"新的千禧年"的大地。

當然，我的人生尚未完成。正因為未完成，人生深奧的妙趣尚未嚐盡。從今往後才是我的人性革命的真正舞台。我決心，即使平凡，我也按自己的意志，這樣繼續走下去。

最後，每日新聞社出版局局長山本進先生和責任編輯清水香臣先生為本書的出版付出了辛勞，在此表示衷心的感謝。

池田大作

1998 年 2 月 11 日　恩師誕生日

# 目　錄

一

# 走向世界的黎明

（1975~1976）

# 走向世界的黎明 —— 關島

　　走下舷梯，一下子就被籠罩在南園島嶼特有的潮濕、溫暖的空氣之中。到達美國關島國際機場的時間是下午 8 時前。儘管是晚間到達，當時關島政廳知事博達遼夫婦仍來歡迎我們。

　　1975 年年初我從日本出發，走訪美國各地，1 月 24 日到達了關島。

　　在紐約，訪問了聯合國，向秘書長遞交了一千萬人要求廢除核武器的簽名。在雪花飄舞的華盛頓，與當時的美國國務卿基辛格舉行了會談。

　　這是一次從嚴寒到盛夏的旅程。在芝加哥，從密執安湖颳來的寒風刺骨，氣溫是攝氏零下 10 度以下。我們就是從這裏經夏威夷，南下到關島的。在不到一週的時間內，經歷了超過 40 度的溫差。這是一次艱難的旅程。

## ❖ 從刻印着戰禍歷史之島出發

在關島待了五天四宿。我內心裏暗下了決心，到達關島將成為我們的運動正式走向世界的開始。可以說，當時恐怕誰都不了解這一點。為了報答知事的歡迎，我跟他說過，一定要在這個島上刻印上歷史的新篇章。

關島充滿了藍色的色調，大海、天空等到處都是一片藍色，連常綠的樹木也泛出深藍的顏色。與會員們散步時看到的夕陽美極了，色調一下子突然變成火紅，天空與大海在水平線上燃燒，互融為一體。

在籠罩着自然而又莊嚴的氣氛中，我的腦中浮現出恩師戶田城聖先生（創價學會第二任會長）宏大的構想。

在莫斯科我會見的世界第一位女性宇航員捷列什科娃女士這麼說過：“曾從宇宙中看過地球的人，一定會對我們生命搖籃的地球感到懷念。”

戶田先生好像期待着這種來自宇宙的話語和觀點，早就提倡“地球民族主義”。他的構想並不是以某一種文化為中心，強行建立全球政府，而是完全尊重文化的多樣性。真是卓見。

在關島舉行的、有 51 個國家的會員代表參加的世界和平大會上，SGI（國際創價學會）成立了。這應當成為爭取實現這一目標的開始。參加大會的人士全都簽了名。我填寫的國籍是"世界"。

關島登上歷史的舞台，是從 1521 年完成航行世界一週的麥哲倫的艦隊停靠這裏開始的。從那以後，關島經歷了西班牙以及美西戰爭後的美國長達幾個世紀的統治。

不久前，它又成為太平洋戰爭的舞台，美國軍人死了 1400 人，日本軍人死了 2 萬人。一部分日本軍人在此繼續潛伏下來，直到戰後經歷了相當長的時間才被發現，震驚了世界。

這個和平的小島不斷遭到歷史的捉弄。關島的人民終於越過時代的波濤，要求恢復島上原住民 —— 夏莫洛人 [1] —— 喪失的文化。

擁有自己賴以存在的精神基礎，當然是極其重要的。在逗留期間，知事贈送我古代夏莫洛民族的正統稱號和夏莫洛人的禮服，使我難以忘記。

在這個看起來好似悠閒寧靜、色彩明亮的島上，卻刻印着戰爭的悲慘災難。推進和平與文化運動的 SGI 在關島宣告成立，其意義恐怕無需多說了。正如恩師所說："歷史創造了舞台，舞台創造了歷史。"

反戰的始源來自有親身體驗的人們，由這樣的人發出

---

1　夏莫洛族是馬里亞納群島的原住民族，據說在 1668 年被西班牙侵略之前有 4~6 萬人，約一個世紀後，減少到 1800 人。夏莫洛族構築巨石的技術發達。

的爭取和平的吶喊是強有力的。

學會的強大，是在於集結了對當政者發動戰爭感到憤怒，對犧牲不再忍氣吞聲，與權力對抗的民眾中的和平力量。在關島大會上曾作相關報告的科斯頓先生（後來擔任英國 SGI 的理事長），在第二次世界大戰中就是緬甸戰線上的英國軍官。

我也是被戰爭打亂了人生，一心求學的志向遭到踐踏，病弱的身體更添損傷。我在《我的履歷書》中曾寫過，我景仰的大哥喜一在緬甸喪失了性命。

接到大哥的訃報時，眼見母親微微顫動的肩頭，比平時更加窄小彎曲的脊背，一向寡言少語的父親一動不動、默默無言的背影，永遠無法從我心中暗淡的屏幕上消失。

在關島，走在街上的時候，待在飯店裏的時候，我的心都在不斷地祈求和平。

大會收到了當時羅馬俱樂部貝恰會長的賀詞。他尖銳地指出：“和平是立足於‘全世界為人類的發言與誠意’之上的。”呼籲“和平的力量只能從人們的心中湧現出來”。他一貫主張要進行“人性革命”。

美術家尤伊古先生寄予期待說：“希望在您的領導下，精神的聲音能滿足爭取和平的祈願和熱情。”

他們都是我親密的老朋友。

現在回想起來，世界的良知都信賴 SGI 的運動會把民眾的"精神的聲音"當作力量，形成"全世界為人類的發言與誠意"。我們的驕傲也正在這裏。

20年後的今天，無需列舉東歐變革的事例，人們已清楚地知道，有時看來似乎微弱的民眾內心的呼聲和精神的力量，在激烈動盪的世界上會成為意想不到的歷史的旋轉軸。

我作為第一任會長，曾在會上說過："這次會議也許是一次很小的會議，也許是一次各國無名的民眾的聚會。但我深信，幾百年後它將在歷史上發出燦爛的光輝，大家的名字將會莊嚴地刻印在佛法傳佈的歷史上。"

## ❖ 尊敬的在全世界活躍的同志們

關島大會的召開已成為運動由"日本"向"世界"大轉變的契機，它的名字一定會由 SGI 的會員們永遠流傳下去。

北條理事長（當時）曾代表日本的會員在大會上致了辭。他那爽朗的笑容令人難以忘記。

坂口女子部長（現在是副總合婦人部長）穿着和服的身姿，好似給大會增添了朵鮮花。現在美國的財津理事長、秘魯的島理事長、非洲的葯袋總合長和泰國的堀井議長等同志，都曾作為《聖教新聞》的特派員，精力充沛地東奔西走。

自關島大會召開以來，SGI 的運動已擴大到全世界，會員遍及 128 個國家和地區。在此期間，我到國外訪問了 65 次。自 1960 年以來的 37 年期間，我訪問的國家達 54 個。

在世界各地，我們 SGI 的會員為所在的國家和社會作出了重大貢獻。他們人才濟濟，活躍在世界的各個領域，實在令人高興。

地球的某個地方一旦發生甚麼災害，我都十分擔心那裏的會員是否平安無事，發出電報慰問，盡可能設法援助，接到平安無事的報告才安了心。

作為一個希望人們幸福的領導人，超越時差不停地工作，也是理所當然的。

我曾在大會上號召過："希望大家胸懷的不是使自己顯赫揚名，而是向全世界播下和平這一妙法的種子，完成自己寶貴的一生。我自己也這麼做。"

今天、明天……都要繼續進行永無盡頭的挑戰！

# 第一屆學生

"能給我提一點好的建議嗎？"這話帶着親切的關西口音，其中也包含着感人肺腑的真誠。這是松下幸之助[2]先生以前和我交談"培養 21 世紀的人才"時說的。

當時松下先生已有了創辦"松下政經塾"的設想。看來他已多次訪問各界人士，廣泛地聽取了意見。

雖說是老朋友，但對方是"經營之神"，還要提出甚麼建議？對此我還是有所顧忌的。可是他好似催促我打消猶豫地說："您創立了創價大學、創價學園，我相信您的經驗，務必談一談。"他作為一個企業家已經功成名就，不，正因為這樣，他對"培育人才"滿懷熱情。我感慨頗深地說："重要的是'第一屆學生'。接着每年都要送出一屆學生，要以這樣的決心來對待，您看如何？"

創價大學自送出第一屆畢業生以來，很快就要 23 年了。

---

2 松下幸之助（1894~1989），松下電器產業創始人。日本和歌山縣出身。年幼當學徒時就愛學習，創辦製造插座的松下電氣器具製作所，1935 年改稱松下電器產業。戰後成為世界性的家電廠商，曾任該公司董事長，1973 年任顧問。從第一線退下後，創辦"松下政經塾"，全力培養人才。

創價大學建校宗旨第一條中提出，"要成為人本教育的最高學府"。因為我希望不僅培育"知識"，還要培育能運用"知識"的"智慧"和"人格"。

我經常拜託高松校長（現為總長）和全體教職員的，是要把學校辦成"心中有學生的大學"。就是說，應當始終"以學生為中心"來發展，"要有為學生服務的教職員"，"要為學生做力所能及的一切事"——我希望能把這樣的思想和行動當作根本。

不過，雖說是"人本教育"，其實也沒有甚麼特別。本來教學課程的安排等一開始就委交給了大學當局。然後我關心的是和學生一對一的對話。

我受邀去過一次學生宿舍。宿舍當然是學生們私人生活的地方，我原本不打算進宿舍的房間。但學生們說："希望您一定來看看我們的生活情況。"

那是初夏的某一天。在年輕人熱情的推動下，我到男生宿舍一看，讓我感到意外的是打掃得很整潔。當然，這也有一些由於創立人來訪而匆忙收拾清掃了的原因。

在四棟宿舍中，南棟清掃得最乾淨，我被引進其中的一間屋子裏。我們座談了一會兒，一個學生有點不好意思似的端來一碗甚麼東西。我一看，原來是一碗涼麵。學生們離開父母的身邊，自炊的經驗還不夠，這大概是他們用不熟練的手藝做的。

浮在冰水中雪白的涼麵——對於父母來說，再沒有比孩子的一片真心更使他們高興的了。對於自認為代替他們父母的我來說，這也是最好的美味。

已是初夏的天氣，趕上下了一陣雨。這雨宛如春雨一般把我和學生們親切地籠罩在一起。從宿舍的院子望去，八王子緩緩的丘陵上升起朦朧的霧氣。令人懷念的是，大家在院子裏種了一棵喜瑪拉雅杉樹，"作為今天的紀念"。當時它僅是一棵四、五十厘米高的細小的樹苗。

記得後來我曾提議說："去量一量那棵樹的高度吧，它一定長得很高大了。"

現在那棵樹苗已經長成高高的大樹，有十來米高了吧。創價大學、八王子的市街都大大地發展了。

### ❖ 第一屆學生全都是創辦人

在八王子，我總是想起和恩師戶田城聖先生的一次談話。

記得那是 1954 年 9 月，是在和恩師一起訪問東京冰川的途中。殘暑雖然未消，但武藏野的大自然已開始帶有微微的秋意。這裏的黃昏讓我想起年輕時愛讀的國木田獨步[3]的《武藏野》中描述的詩情。

在被夕陽染成紫紅色的路上，恩師暢談着對學會的未來設想和培育青年的辦法，突然對我說道：“我真想甚麼時候在這裏建造創價教育的城堡啊！”

恩師的眼睛好似在萬里無雲的高高的天空中，追尋那些磨煉才智的學生們的身影。

四十多年前的多摩地區，自然環境十分優美，恐怕沒有人預料到會在這裏建造大學。後來我反覆回味恩師說的話，終於領悟到，在學生能夠專心學問和培養豐富的情操方面，恐怕再沒有比這裏更合適的地方了。

1971 年創價大學創辦的時候，在八王子擁有校園的大學還很少。但城市化的時代浪潮大大地改變了大學的狀況。現在很多大學為了追求良好的環境而開始搬遷，八王子已成為擁有 21 所大學和短期大學的日本首屈一指的學園城市。

1975 年畢業的第一屆學生們，對我來說，是在平地上共同開闢大學建設道路的“同志”和“學友”。可以說這是一種“全體都是創辦人”的自覺。

---

3　國木田獨步（1871~1908），明治時期的小說家、詩人，被評為自然主義文學的先驅。短篇集《武藏野》問世後，發表《獨步集》，對後人有重大影響。

尤其對第一屆畢業生來說，最大的課題是就業。

有一天，我來到大學，前廳裏不知道為甚麼聚集了一大堆學生。每個人臉上的神情與其說是認真不如說是嚴肅。一打聽，據說是在討論就業問題。

我鼓勵他們說："進甚麼公司都可以嘛。進了公司之後要不斷地擴大對母校創價大學的信賴。我希望第一屆畢業生能成為創大學生的核心。"我們的大學在就業活動方面確實沒有開展的經驗，同學們和就業科一定夠艱苦的。

不過，他們還是進行了奮戰。畢業時的結果很好，"就業率是 100%。"我非常高興。

說起就業，後來第二屆畢業生中一個學生訪問某公司時發生了一件事。這家公司的方針是採取所謂的"指定學校制"，不錄用已指定的大學以外的學生。

公司方面說明了這一方針，據說那位創大學生毅然地回答說："明白了。今年就這樣了。不過，為了我下面的同學，請從明年起，把我們大學定為指定學校吧。"

這件事在創大弄得人人皆知，而我是從長子博正那兒聽來的。

長子從初中起就進了慶應義塾。在法學系四年級時一度參加過就業活動。首次參加這樣的活動，許多新鮮事使他感到吃驚。

有一天，我很晚才回到信濃町的家中，他開口第一句話就説："今天，我大吃了一驚。"我仔細一問，他説那天去公司參加就業活動，與創大學生碰到一起，跟我談了上述的事。

長子最後沒有就業。也許是在我身邊親眼看到我把教育當作終身事業的原因，他以學士資格進入慶應大學文學系，選修師資培養的課程，選擇了當老師的道路。

## ❖ 23 屆畢業生

從第一屆學生畢業以來已經 23 年了。畢業生組織"創友會"，給他們創造了每年聚會的機會。平時大家天各一方，唯有這一天他們回到懷念的母校的懷抱。

這一天，校園裏到處都是興高采烈地談論着與舊友重逢，關心母校發展的人羣。而且近年來由於畢業生增多，聽説大家商定把各屆畢業生分成小組聚會。全國大學雖然很多，但讓創大畢業生們驕傲的是，這樣的盛況恐怕要數創大第一了。我為他們這種對母校的熱愛高興，也為創大畢業生逐年增加對社會的貢獻高興。

拿衡量學生對大學"滿意程度"的民意調查來説，近年來創大也總是名列前茅。我一向是根據"學生是大學的主角"的理念來推進工作。這對我更是莫大的欣慰。

一年又一年地迎來年輕的新生。

創大創辦時只有 3 個系，現在已發展為 6 個系的體制，到目前為止，已給社會輸送了 3 萬多畢業生。第一屆學生畢業那年，首次迎來外國的留學生。創大的國際交流也多達 37 個國家和地區的 59 所學校，在國內創下了規模最大的實際成績。教學環境的整頓和充實，也年年取得進展。預定明年將完成盼待已久的壯麗的"新總部大樓"。

第一屆學生為我們打下了取得這樣飛躍的基礎。現在他們也四十多歲了，已經進入最後應當真正錘煉自己人生的年歲了。

他們曾經朝夕看到的校園正面的一對青銅像，那是法國巨匠福爾基埃爾[4]的作品，上面刻着這樣的字句：

"你不要忘記，
磨煉才智是為甚麼。"
"在勞苦和使命中，
才會產生人生的價值。"

4　福爾基埃爾（1831~1900），法國世界性的雕刻家、畫家。巴黎時期師事茹夫洛娃。1859 年獲"羅馬獎"。在按自己的解釋來表現歷史人物方面，發揮了傑出的才能。

# 佛教西還

　　1975 年的春天，我第三次訪問了中國。前一年的 6 月，我首次訪華。同年 12 月第二次訪華時，同周恩來總理進行了會談，就 21 世紀還剩下的四分之一世紀的重要性交換了意見。

　　在第三次訪華期間，再次會見了鄧小平先生。他作為 12 名副總理中的第一副總理，輔佐臥病中的周總理處理政務。我們互相確認了日中友好是兩國的願望，並為爭取持久和平，繼續進行誠摯的對話。

　　此外，為了開闢教育、學術交流的道路，我以創價大學創辦人的身份，訪問了北京大學、武漢大學和復旦大學。還會見了中日友好協會的廖承志 5 會長及柬埔寨的西哈努克殿下，進行了交談。大家一致認為和平的大道是在人們的心中。

　　在第一次訪華時，令人難以忘懷的是，在北京陽光明

---

5　廖承志（1908~1983），原中日友好協會會長，被稱為孫中山左右臂的廖仲愷之子。早期活躍於對日外交的中樞部門，1964 年以後任中日友好協會會長，致力於中日邦交正常化。

媚的頤和園裏，我們以《法華經》為主題，同中國佛教協會負責人趙樸初[6]先生進行了交談。在第三次訪華時，和趙先生的交談變成了自然與佛教問題的說法。

1978 年 9 月我第四次訪華。第五次訪華是 1980 年春天，新建的北京機場已全部配備了現代化設備。在機場的貴賓室裏，我跟來迎接的中日友好協會副會長孫平化[7]先生進行了暢談。貴賓室側牆上掛着一幅大瀑布的畫，佔滿了一面牆壁，十分壯麗。我向孫先生説："那個雄偉的瀑布是甚麼地方的瀑布？"

他回答説："是龍門的瀑布。"饒有興味的是，在日蓮大聖人的遺文中，為表示佛教修行的艱難，曾引用"龍門瀑布"的故事説："唐土有名為龍門之瀑布……鯉鯽之類，多集其下，爭相攀登，登則成龍。百之一，千之一，萬之一，十年、二十年無一登者。"（《日蓮大聖人御書全集》，創價學會版第 1560 頁）

這天晚上，孫平化先生跑來跟我説，要給我介紹一位了不起的人物，希望我一定抽出時間。雖然已經預定了要在北京大學作題為《我對中國的一點考察》的紀念演講，以

---

6　趙樸初（1907~2000），1980 年以後任中國佛教協會會長。歷任中國紅十字會名譽會長等職。著有暢銷書《佛教常識問答》等。

7　孫平化（1917~1997），前中日友好協會會長。1963 年中日友好協會成立以後，歷任常務理事、副秘書長等職。1964 年以後三年期間常駐東京，致力於促進中日民間貿易。

及和國家的要人們會見等活動，但我還是高興地同意了。

　　兩天後，來我下榻的北京飯店訪問的，是敦煌藝術和絲綢之路研究方面的世界權威 —— 常書鴻[8]先生。和常先生一起來訪的還有他的工作助手、人生的好伴侶李承仙女士。

　　荒涼的西域大沙漠地帶，據說是"上無飛鳥、下無走獸"。那裏還殘存着佛教文化和佛教藝術。常書鴻先生為了在敦煌保護藝術，一直堅持拚死奮鬥。他的淵博知識、熱情和堅定的信念，使我深受感動。

　　為了傳存佛教，人們繪製了敦煌的藝術作品。所謂"敦煌"，意思是"大放光輝"。常先生的話語裏也洋溢着熱情。他一邊在手邊的記錄紙上寫寫畫畫，一邊給我說明。我的妻子帶着微笑，和我一起聽着。為了不讓記錄紙被風颳走，她悄悄地用髮卡把它別住。

　　在暢談的最後，我問道："敦煌有梵文的經文嗎？"常先生回答說："有許多。"我又問道："梵文的經文中也有《法華經》嗎？"他的回答是"有"。

　　我從北京經桂林，旅程最後一天的早晨是在上海。在下榻的錦江飯店的大餐廳裏用完早餐時，總經理走了過來，請我在芳名錄上簽名留言。我寫了這樣的話：

---

8　常書鴻（1904~1994），歷任敦煌研究院名譽院長等職。畢業後從事敦煌佛教藝術的保護與研究，在中國有"敦煌藝術守護神"之稱。1990 年出版與池田名譽會長的對談集《敦煌的光彩》。

"金橋訪華五次八幡抄[9]池田大作"。然後從上海的虹橋機場起飛，回到日本的長崎機場。

## ❖ 信義之道

　　第五次訪華後過了四年，1984 年 6 月，我又踏上了第六次訪華的旅程。到達的那天傍晚，在人民大會堂因與絲綢之路有淵源關係而起名的新疆廳，會見了周恩來總理的夫人鄧穎超女士。一起來歡迎我的還有中日友好協會名譽會長王震先生和趙樸初先生等人。

　　中日友好協會在宴席上贈送我一部精美的古代的《妙法蓮華經》。趙樸初先生給我解釋説："這部經文是用古代的梵文寫的《妙法蓮華經》。"我衷心表示感謝，在致謝詞中説："貴國是把佛教傳到日本的恩人國家。"

　　承蒙多次邀請，我訪問了中國。我認為文化、教育、和平的交流以及人與人之間的信義，乃是通向和平的道路，所以我一向注意避免提出宗教的話題。況且對社會主義的中國來説，對於宗教當然是懷有警惕心的。

---

9　指日蓮的遺文〈諫曉八幡抄〉。日蓮在遺文中曾預言 "佛教西還"，認為如同釋尊的教義傳播到東方一樣，日蓮的教説將從日本廣布到西方。（《日蓮大聖人御書全集》，創價學會版第 588 頁）

中國曾因日本的侵略而蒙受極大的痛苦。它有繁榮昌盛的權利，我國有補償的義務。所以我根據我的情況為中國效力，並做了一些工作。自古以來，日本就在漢字等文化方面，受到中國無法估量的恩惠。對我們來說，中國首先是給我們傳來了佛教的恩人國家。

以友誼回報友誼，以真誠回報真誠 —— 這是為人之道。中國的眾多人士也以充分的信義回報了信義。作為這種回報之一，他們為我這個信仰佛教的宗教家準備了一部梵文的《妙法蓮華經》。對此我深深地感謝。

❖ 玉的禮品

1994 年夏，作為聯結日本與中國的和平友好的見證，中國的新疆對外文化交流協會送我一塊刻着"佛教西還"[10] 的玉。新疆維吾爾自治區是一片廣闊的、充滿浪漫情調的土地。它擁有有着悠久的歷史、聯結東方與西方的絲綢之路，雄偉的天山山脈和塔克拉瑪干大沙漠。

這塊玉產自塔克拉瑪干沙漠的綠洲 —— 和田，高約 20

---

10　指日蓮的遺文〈諫曉八幡抄〉。日蓮在遺文中曾預言"佛教西還"，認為如同釋尊的教義傳到東方一樣，日蓮的教説將從日本廣布到西方。（《日蓮大聖人御書全集》，創價學會版第 588 頁）

厘米，泛着淡綠色光澤的玉的中央刻着"佛教西還"四個字。對於古代的中國人來說，玉比黃金還要貴。聽説中國自古至今都非常珍視玉，特別是這種和田玉自古以來都當作"于闐玉"予以珍視。井上靖先生曾以這種玉為題材，寫過一部充滿浪漫情調的西域小説《崑崙玉》。

現在我看到刻着"佛教西還"的和田玉，就會聯想到與常書鴻先生關於絲綢之路及敦煌的談論，還會回想起當日在人民大會堂新疆廳鄧穎超女士送我梵文《妙法蓮華經》的情景。

接着腦海裏又浮現出 20 年前，在結束第一次訪華之旅，走過連結中國大陸與香港的大橋的那一天，在隨身攜帶的一把小扇子上寫的短文：

"現在我終於實現了諫曉八幡抄中預言[11]的一段話
昭和 49 年 5 月 29 日至 6 月 14 日
第一次訪問中國紀念　於香港　大作"

我作為一個佛法者，希望能把日本與中國乃至日本與亞洲的友好與和平的金橋建造得更加牢固。這也正是恩師戶田先生熱切希望亞洲民眾幸福的心願。

---

11　指日蓮的遺文〈諫曉八幡抄〉。日蓮在遺文中曾預言"佛教西還"，認為如同釋尊的教義傳播到東方一樣，日蓮的教説將從日本廣布到西方。（《日蓮大聖人御書全集》，創價學會版第 588 頁）

# 為了精神的鬥爭

好似要逼近對方生命深處，有如深鷹一般的目光——這麼說或許有點過於直率了。

1974 年 4 月，在東京聖教新聞社同法國學士院會員、世界屈指可數的美術史家、哲學家路奈・尤伊古先生初次見面時，他那睿智和經受過人生風雪磨煉的形貌，使我留下不由得不這麼想的強烈的印象。

當時恰好日本正在公開展覽列奧納多・達・芬奇 (1452~1519) 的名畫《蒙羅麗莎》，所以談話首先就由"蒙羅麗莎的微笑"開頭，話題由東方與西方的美術觀的差異，不知不覺地擴大到文化與哲學，乃至"人類的命運"。

也許是西方，特別是法國的知識分子的特徵吧，在尤伊古先生的辭典裏似乎沒有"沉默是金"的人生訓條。他總是精力充沛地不斷發射出"語言的子彈"。

可能是先生獨特的動作，他微抬着右手，有時興高采烈，有時像錐子般尖銳，不倦不休地談論着藝術、文明和人類。

本來我也是這麼期望的。但預定的時間很快就過去了，我切實感覺到應當互相交鋒的意見是不可能一時談完的。

於是很自然地約定改時間再對談，加上來往書信，編一部對談集。

第二年——1975年5月，我們在巴黎南郊的蘇市重逢。午後，窗子上映照着令人目眩的陽光。

相隔一年重逢的尤伊古先生比前次更加精神煥發，好像在說："來，咱們繼續昨天的談話吧！"於是談話就這麼單刀直入地開始了。

尤其在談到先生的專業"藝術"與宗教的關係時，基督教對西方藝術所起的作用之大，那是無需多說的，先生在這方面的研究也是無人可比的。而且法國人對自己國家的文化都懷有一種絕對的驕傲。我心裏想，先生一定會首先陳述一番他這一年來在這方面的研究成果。

可是，先生卻探出身子，說出了這樣一句話："毋寧說，藝術由於佛教而獲得更好的表現。"

我感到有點出乎意料。這不是"奉承"我這個東方的佛教徒，而是在反覆深刻思考之後，才說出這樣透徹洞察的話。

和尤伊古先生對話的內容涉及很多方面。而我們得出的結論，如果勉強用一句話來說，那就是"文明忘記了'精神鬥爭'就會衰退"。

"現在是應當探索'精神力量'的時候了。不探求'精神力量’，文明就會大大地倒退。”當我圍繞着“發達國家面臨的危機”問題這麼説時，先生也緊接着説：“不，是滅亡！”

對於“精神”這一“眼睛看不到的價值”能夠有多少敏感，對於“看不到的事物”能夠重視多少，對於“聽不到的事物”能夠傾聽多少，這裏有着作為人的“證明”，有着引導文明的指南針。

如果只是一味地追求物質這一“眼睛能看得到的價值”，人就會忽視“精神”這一眼睛看不到的價值，就會喪失使人向上、提升的“精神的推動力”。正因為如此，人類必定會掀起“精神鬥爭”。

—— 我認為這是我們這次對話的一個結論。


## ❖ 青年時代激烈的鬥爭
### —— 真正的才智只有通過真正的鬥爭來磨煉

尤伊古先生是驅使細膩的感性和淵博的知識來進行對話。但他在談話時，並沒有給人留下“躲在象牙之塔裏的人”那種枯燥無味的印象。他是“有書本學問的人”，但滲透着人生閲歷的份量 —— 正是這一點使人感到他有一種“眼睛看不到的”人格的深度。

了解這一秘密的機會很快就到來了。當我問他在第二次世界大戰期間參加抵抗運動（抵抗納粹運動）鬥爭的體驗時，他説：

　　"由於擔心納粹會搶奪美術品，法國的美術館有關的人士推進了把美術品分散到全國各地的計劃。"

　　當時先生 35 歲，也參加了這一工作，保護一批搬進了一個小城堡裏的美術品。有一天，一羣納粹士兵打開了小城堡的大門。

　　士兵硬要他交出美術品，而他毅然地説道："這裏的美術品不是法國一個國家的文化遺產，是全人類的財寶。德國如果是真正的文明國家，就不要用手去碰它。如果破壞它，那只能説你們是野蠻人。"

　　先生手無寸鐵，面對着武裝的敵人，他手中有的僅是名之為"信念"——這眼睛看不到的武器。納粹士兵很快就撤走了。

　　先生談起這一幕令人窒息的情景始末時，好像年輕人似的滿臉漲得通紅。他不像是在回憶遙遠的往事，而更像是納粹士兵現在就站在他的眼前。他的話語中充滿着激情，發出堅定的響聲，叫人感到"那天"發生的事情一直原封不動地永遠固定在他的生命之中。

　　這不是白面書生説故事，而是"為自己深信的真理而豁出性命"的信念和行動。先生不同於沒有行動的知識分子，也不同於把行動當作幌子的文化人。那一瞬間迸發出“真正的才智”的光輝，它的背後襯托着一種把生死置之度外的人生體驗。

先生還是一位非常熱愛青年的人。聽説有一次他跟青年們談過這樣的一件軼事。

法國的“行動的精英”安德烈・馬爾羅先生曾和我合編一部對談集《人性革命與人的條件》。他和尤伊古先生在抵抗納粹運動中並肩戰鬥時期，在一個月色皎潔的夜晚，他們倆駕車趕夜路。

“咱們步行吧！”馬爾羅先生突然停下車子説。也許是擔心甚麼時候會被敵人發現吧。尤伊古先生雖然有點焦急不安，但好像受到馬爾羅先生悠然步行的樣子感染，也跟着走起路來。

馬爾羅先生突然面帶一種陷入沉思的神色説道：“文明的中心過去曾由愛琴海轉移到地中海，又由地中海轉移到大西洋，下一次該由大西洋轉移到太平洋了吧？”

據説，馬爾羅先生在過了今天不知明天的狀況下，還談論文明，展望未來，尤伊古先生為他這種廣闊的心胸和作為人的“氣量”之大而感到吃驚。

以前我也曾跟青年們説過這件軼事。馬爾羅先生確實是偉大的。不過，尤伊古先生能理解、讚揚這種偉大，並把擁有這樣的朋友的喜悦説給青年們聽，我不由得不為之感動。

看人的一方如果不具有"眼光"，不管眼前有多麼偉大的人物，也不可能識別其真正的價值。

能感受到偉人的"氣量"的人，恐怕他本來就具有與偉人同樣的"氣量"。


## ❖ 沒有"精神鬥爭"的文明將衰退

以後無論在法國學士院發表演講（1989 年 6 月），或在法國皮埃布爾的雨果文學紀念館的開館儀式（1991 年 6 月）等各種場合，與尤伊古先生多次見面的時候，以及在互通的書信中，先生都反覆強調"沒有'精神鬥爭'的文明很快就會衰退"的問題。

不僅是尤伊古先生如此，我自己交談過的許多有識之士、領導人都有這樣的看法。

和聯合國秘書長德奎利亞爾先生（當時）第四次會見時（1990 年 11 月），他帶着真摯的目光說道："昨天我翻閱了池田會長和尤伊古先生的對談集。……你們表達的共同思想，幾乎讓我也想寫一部完全同樣的書來出版。"

1989 年 9 月同烏拉圭的桑吉內蒂總統會見時，他開口第一句話也說："我讀了會長與尤伊古先生的對談集。你倆思想的深刻，使我深受感動。"

我和尤伊古先生對談集的書名是《黑夜尋求黎明》。人類應當尋求黎明。但現實是到處都籠罩着黑暗。有識之士和領導人作出這樣的評估，也正是由於憂慮這種黑暗的深沉。

若"忘記了‘精神鬥爭’的文明"，對日本的未來來說，特別危險。人們已經完全不懂得精神的價值。人已變得脆弱、墮落，沒有希望，沒有思想，也沒有展望。很多人若長此下去，人們就會認為日本的未來是"一片黑暗"。不能不說黑暗在這個國家最深沉。

自從和尤伊古先生初次交談以來，已經快過去四分之一世紀了。當時社會上一般還認為"21世紀"是遙遠的未來，而現在這個21世紀已近在眼前了。

怎樣來翻越這座"21世紀的大山"呢？所有的國家、團體、組織都在探索這個問題。靠與過去同樣的思想、同樣的隊伍是根本不可能登上這座"大山"的。可以說現在已經進入了必須經受最激烈的競爭才能取得徹底勝利的時代。

攀登這座險峻的大山的動力將是青年。青年是不是在生機勃勃地成長，是不是在向"精神鬥爭"挑戰，是不是在展望未來並採取"行動"？有無"青年的力量"將區分一個運動、一個團體的明與暗。我認為現時已經進入了這樣的時代。

正是在這一意義上，尤伊古先生呼籲要"掀起'精神鬥爭'"。他的這一警世的吶喊，比以前更加震撼我的心。

　　現在"舞台"正在發生很大的變化。青年一定要響應這一呼籲，行動起來。這也是尤伊古先生和一切真誠關注未來的人們的願望。近來每當心頭浮現出尤伊古先生的身影時，總是禁不住這麼想。

　　2月初（1996年），這部《我的人生記錄》剛脫稿時，突然接到尤伊古先生逝世的訃報。他享年90歲。雖說已享盡天年，但是，不僅對法國，對全世界來說，他的逝世太令人惋惜了。沒想到這篇文章竟成為真誠獻給先生的悼詞了。

　　我立即拜託歐洲SGI（國際創價學會）山崎名譽議長去向尤伊古夫人弔慰。

　　聽說已收到夫人給我的下述滿懷真情的回信："吾夫感謝和池田會長交往的友情，並認為受到會長深深的關愛是他的幸福。吾夫經常談到會長，直到迎來人生最後的時刻還在思念會長。"

　　再也不能親聆魁偉而令人懷念的尤伊古先生的指教了。

　　但是，先生畢生"為精神的鬥爭"的光輝將永存我的心中，而且一定會以不朽的"心靈的光芒"繼續照耀21世紀，照耀全人類。

　　衷心祈求先生的冥福。

# 精神的絲綢之路

　　1975 年 5 月，我第二次訪問蘇聯。當時的莫斯科已從漫長的冬天的桎梏中解放出來，樹木一齊發芽，原野為鮮嫩的新綠所覆蓋。而前一年（1974 年）9 月第一次訪蘇時，正是秋意日濃、紅葉鮮豔奪目的季節。

　　不可思議的是，只要訪問過某個地方一次，我就會對那裏產生比以前更加懷念、更加親切的感情。也許可以説，這也是人心的奧妙吧。總之，由此也可直接懂得不斷交流的重要性。

　　在克里姆林宮部長會議主席辦公室那個寬敞的大房間裏，厚重結實的會議桌莊重威嚴。這是我和柯西金主席（當時）進行的第二次會談。會談前，主席已接見了我們訪蘇團全體成員，並合影留念，雙方之間的氣氛已經相當融洽。

　　第一次會見時，我就坦率地跟主席説：

　　"非常遺憾，我有一種印象，總覺得蘇聯是個可怕的國家。蘇聯不僅應和親蘇派交往，還應當進行更廣泛的交流。比如説，和反蘇派……"

　　初次見面就説這樣的話，當然可能有些失禮。但作為我來說，是想指出文化交流的無比重要性。

我感到，在主席的眼睛裏，一瞬間閃現出一種銳利的光芒。

在五年後第三次訪蘇時，我偶然得知和主席初次見面的那天晚上，主席回到家中和家人的談話。

很遺憾主席這時已經去世，因為想向主席的家人表示哀悼之意，我會見了他的女兒格比莎妮·柯西金娜女士。

女士跟我說：

"父親在家裏很少談工作上的事。但是，就是這樣的父親，那天晚上處理完公務回家後，我記得他難得地說：'今天會見了一個很不平凡的、很有意思的日本人。即使涉及非常複雜的問題，話也能談得輕鬆愉快。我感到很高興。'"

女士贈送給我一件她父親的遺物作為紀念。據說這是以前主席當勞動英雄時被授予的。我感到很過意不去。

第一次會談約一個半小時。我說出了關於廢除核武器的信念。主席說，蘇聯沒有使用核武器的意圖，而且認真地爭取分階段地全面廢除。主席的語氣和決心都很堅定。

當時正是所謂中蘇對立因邊界問題而日益激化的時期。在這前一年，我首次訪華。中國的領導人當然對蘇聯的態度極其關注。主席明確地說："蘇聯沒有考慮攻擊、孤立中國。"我問道："可以把這些話轉告給中國嗎？"主席說："可以。"

對於處在負責任地位的人的話，我是完全相信的。大概因為我不是政治家，只是一個民間人士，主席才坦率地說出了心裏的話。從那以後的時代變遷，不論是中蘇和解還是廢除核武器問題，兩者都確實是朝着這樣的方向發展的。

第二次會談也和前一次同樣富有成果。柯西金主席靜靜地傾聽着我說話。他目光銳利，嘴唇緊閉，時而緩慢地、微微地點頭回應我。他是一個能傾聽別人意見的人。

## ❖ 真正的相互理解始於心與心的交流

托爾斯泰和普希金等俄國文豪的作品，是我青春時代的精神食糧。在戰後被戰火燒毀的一片廢墟上，我擠出微不足道的零用錢來購買他們的書籍，貪婪地閱讀。

俄羅斯民謠鏗鏘有力的曲調也讓人懷念。那時我一直體弱多病，有時還發高燒，做噩夢。但我一邊用毛巾擦拭着因出汗而閃閃發光的身子，一邊獨自在公寓的小房間裏，聽俄羅斯民謠來鼓舞自己。

當時大多數日本人的心裏，雖然喜歡俄羅斯的文學和民謠，但認為蘇聯是一個既近又遠、不好琢磨的國家。

在接到莫斯科大學演講的邀請時，經過深思熟慮，我決定把演講內容的重點放在文化交流上。

演講前，在大學的校長室裏，莫斯科大學贈予了我名譽博士的稱號，並演奏了管弦樂四重奏，對我表示了祝賀。校長室裏懸掛着一幅很大的莫斯科大學校景畫，據説是北京大學贈送的，給我留下了特別深刻的印象。

我首先致了感謝詞，主要説明我是作為 SGI（國際創價學會）全體成員的代表，代替 SGI 成員來接受這個稱號的。

到現在為止，我接受過許多大學的名譽教授的稱號，和外國的最高榮譽的勳章。這一切都絕不是我個人獲得的。

SGI 自初創期以來，無數的人們不求地位，不求榮譽，只是為了社會，為了他人，一心一意努力工作。正是由於他們奮不顧身的拼搏，SGI 才有今天的發展，誰也不能忘記他們寶貴的辛勤工作和鮮為人知的勞苦。

我所接受的稱號和勳章，都是他們這些人的。他們無官無職，孜孜不倦、默默無聞地一心推動和支撐着 SGI 運動。今後我只是為他們工作。

“本校今天贈予 SGI 會長名譽博士的稱號。”

演講前，霍夫洛夫校長（當時）致詞。他是一位經常面帶笑容，具有科學家風度，沉着穩重的紳士。

他的夫人也是莫斯科大學的教授，對我的妻子多方關照，在逗留期間，她們經常歡談。

“以下，請我們學校新任的池田博士，作題為‘東西方文化交流的新道路’的演講。”

校長以他那詼諧的語調，邀請我登上講壇。

面對約千人的教授和學生，我開始講道："讓我們超越民族、體制、意識形態的障礙，打通精神的絲綢之路吧。為此，有必要在整個文化領域裏進行民眾的草根交流。"

政治、經濟表面的交流，很難帶來真正的相互理解。遺憾的是，僅作這樣的交流，還會帶來互不理解、偏見乃至對立。戰後日本所走的道路就説明了這一點。


❖ 任何地方都是和平至上

正如我在題為"東西方文化交流的新道路"中所呼籲的那樣，為了讓精神的絲綢之路與所有的國家相通，我自認為還是誠心誠意地為文化與教育的交流盡了努力。如果這能對超越今天的東西方對立，打開世界的新局面起到些微的作用，我將感到意外的欣喜。

當年訪蘇的時候，經常有人問我："為甚麼去？為甚麼現在去？"最後竟有人問我："為甚麼要去否定宗教的國家？"我回答説："因為那裏有人。"

首先，我想如實地了解蘇聯人在想甚麼，在期待甚麼，還想了解宗教與社會主義的共存這一文明論的課題。我是不帶任何預先的判斷和先入為主的觀念去訪蘇的。第二次訪蘇時，我盡量訪問了更多的人和更多的地方，進行了毫無顧忌的對話。

在那裏，我實際感受到蘇聯人是最渴望幸福的。所以和平在那裏也是至高無上的。

現在人們雖然覺得這是理所當然的。但當時正是東西方冷戰時期，雙方都交織着憎惡、偏見等各種情感，連理所當然的事有時也變得無法理解了。

後來，俄國的朋友跟我這麼說：

"會長這樣的社會活動家、宗教家具有的人本主義、和平主義，是來自一種激情。這種激情是希望人怎樣才能幸福，怎樣才能構築有意義的人生。這在意識形態一邊倒的社會裏是很新穎的。把這種同樣的思想貫徹到底，就發生了柏林牆的崩潰，和東歐社會的變革。"

當然，這樣的話說得有些過分。我在謝列梅切博機場與現在已經亡故的霍夫洛夫校長初次見面時，跟他這麼說：

"創價大學與莫斯科大學相比，也許是孫子輩似的大學。但是，今後我們一定通過交流，為貴國和貴校的發展作一點貢獻。"

回憶校長那和藹可親的面容，我反覆地思考，我究竟有沒有實現了承諾？

創價大學的朋友們恐怕也有同樣的想法吧。

# 電影製片廠裏的談話

　　說到為報紙寫連載小說，據說即使以此為業的人也會感到非常吃力。每天被截稿時間追迫的辛勞，沒有體驗過的人恐怕是很難理解的。

　　對於作為一個組織的負責人而四處奔走的我來說，執筆寫小說《人間革命》，確實是一種艱辛的勞動。不過，另一方面，執筆寫小說也等於是我和恩師戶田先生對話的時間。恩師逝世以後，我仍能擁有這樣的時間，真是無比的幸福。

　　關於把小說搬上銀幕，各個有關公司早就寄予了期待。

　　小說的主題是"一個人身上發生的偉大的人間革命，會促成一個國家的命運的轉變，進而會轉變整個人類的命運"。我希望能把它拍攝成一部尖銳地迫近人的內在力量的、有深度的影片。

　　東寶公司在準備開始拍攝時，徵求作為小說原作者我的意見。我回答說：如果這能成為一次機會，使得恩師的人生態度得到社會廣泛的理解，並引起共鳴，恩師一定也會很高興的。

1973 年，電影《人間革命》首映，由於製作人員工作十分優秀和演員角色選配巧妙，影片博得了好評。

編劇橋本忍先生，是以電影《羅生門》、《七武士》等而聞名世界的電影劇本作家。聽說他為劇本傾注了全部心血，花費了長達 18 個月的時間，這是沒有前例的。製片人田中友幸先生，是憑着眾多的名作而在電影史上留下名字的第一流的製片人。導演舛田利雄先生，是一位具有非凡組織能力的導演，看來確實具有統率所有成員的力量。

看一看角色的分配，戶田城聖由丹波哲郎先生、夫人幾江由新珠三千代女士、牧口常三郎由蘆田伸介飾演，演員陣營確實強大。尤其是丹波先生的精彩表演，博得很高的評價，在"每日影片競演會"上獲得了男演員演技獎。新珠女士在蟄伏五年後重出電影界，把明治時期女性的誠實正直演得充滿了高雅的氣質。

觀眾超過 500 萬人。在當時正憂慮出現夕陽化的電影界，引起了相當大的反響。這是東寶與信濃企劃公司共同合力製作和上映的結果。

不過，談到第二部影片《續‧人間革命》，話題就不一樣了。據說這次山本伸一（以小說中的作者池田大作先生為原型 —— 編輯註）要登場。這未免有自我宣傳的味道，使我感到困惑和為難。作為原作者的心情，本是想謝絕的。就是在小說中，我想也很難把自己寫好。只是為了把恩師的偉大的精神和事跡準確無誤地傳給後世，才不得不通過山本伸一，寫了弟子之道。

有着第一部影片的成功，製作等有關人員都勁頭十足。製作續集的要求，如果能隨着故事的主題，也可以說是當然的趨勢，這也是可以理解的。

## ❖ "按照你自己的方式，迸發你的青春吧！"

經過有關人員的熱情努力，在第一部影片推出兩年後的 1975 年 7 月，決定製作續集。這次也和第一部一樣，是一部近三小時的長篇影片。

記者發佈會結束後，有關人員來訪問我。很多採訪人員也隨之而來。我和決定飾演山本伸一的青井輝彥君以及丹波先生、新珠女士等人，立即成為大家搶拍的對象。

我把有點緊張的青井君介紹給丹波先生和新珠女士說：

"戶田先生，好久不見了。伸一就拜託給您了。"

"媽媽，請多多關照兒子。"

在製作續集時，聽說認為起用誰來飾演伸一這一角色十分重要，曾經廣泛招募演員來試鏡，頗為辛苦了一番。關於角色的特性，據說要求純潔、熱情，具有年輕人獨特的頑強精神，目光中要充滿力量，等等。可以說都是嚴格的要求，令我惶恐之至。我作為原作者，希望事前見上一面，於是在發佈會前會見了青井君。我跟他説：

"沒有必要演我。按照你自己的方式，迸發你的青春吧！那就等於是在演山本伸一了。"

我輕鬆隨意地鼓勵了他，並告訴他，我的家人也都是青井君所演電影的影迷。他的精彩演出沒有辜負大家的期待，在街頭巷尾引起熱烈議論，有人説他演的像青年時代的我，也有人説不像。

在深秋的 10 月末，我訪問了位於東京的砧的東寶製片廠。東寶的有關人員以及製片人田中先生和編劇橋本先生等出來迎接了我。攝影棚裏，再現了我曾經度過艱苦奮鬥的青春時代的公寓的一室，令我想起了多愁善感的年輕時的歲月。在那個房間裏，面對一張小書桌，我一邊為恩師的困境而發愁，一邊在日記中寫道："看 10 年後、20 年後的學會吧！"

當時正在拍攝缺衣少食的伸一在縫補綻了線的襪子的場景。縫補衣服是很辛苦的。舊書架上擺滿了書籍，有寺田寅彥、吉川英治、石川啄木、托爾斯泰、柏拉圖、尼采和蒙田等人的著作。令我想起了當年不分東方西方的著作，都如醉如癡地閱讀的情景。惠特曼的《草葉集》、柏格森的《生的哲學》等古色蒼然的書，令人非常懷念。

## ❖ 電影是綜合藝術

在拍攝第一部影片時，我到東京的葛西觀看了戰後燒成廢墟的外景場地。我讚嘆它再現的真實性，同時不由得懷念起活着出獄的戶田恩師和死後抬出監獄大門的牧口先生。

牧口先生逝世已經 54 年了。他在獄中的悲壯殉教，已成為今天學會精神的淵源。

人們說電影是綜合藝術。為了完成一部影片，攝影、美術、錄音、照明和音樂等各個部門一方面各自工作，同時又相輔相成地把力量集結到一起。這樣的情況加上極其緊張的氣氛，確實充滿了活力。對我來說，電影製作現場的氛圍，既新鮮又愜意。

編劇橋本先生說：

"劇本中最花費時間的，還是在表現人的心理的時候。如實地描述發生的事情，還是比較容易的。"

我深感欽佩的是，製作人員緊緊地抓住了原著中的重要情節、關鍵的會話和語言，並慎重地加以運用。

就影片的續集來說，正是戶田先生事業遭到挫折的時間。恩師身邊的人一個一個地離去，連工資也經常發不出來，正處於困境之中。甚至還出現了露骨地批判先生的人。

根據劇本回憶，舞台是戶田先生經營的日本正學館的事務所。時間設定在先生辭去學會的理事長職務，三島就任理事長後不久的那年夏天。

伸一從二樓下來，下了樓梯，停留在那兒。伸一回頭張望。先生從二樓與一樓中間的日式房間裏走出來，開始下樓梯。伸一站在樓梯下不動。先生在樓梯中間站住。伸一仰望先生說：

"（眼睛裏滿是淚水）老師……三島先生當了理事長，我的老師就是三島先生了嗎？"

"不，不是的！盡讓你受苦了。不過，你的老師永遠都是我呀。"

"老師！"

在電影裏，在恩師講解〈立正安國論〉[12] 的場面中，運用特殊的攝影手法，描繪了鐮倉時代自然界的激烈變化，把地震、颱風、饑饉、瘟疫等如實地搬上了銀幕，超越時代地把日蓮大聖人弘揚佛法的背景告訴了我們。這也是影像的優點。

1976 年 6 月，影片開始在全國上映。

在電影界，攝製第二部作品的難度遠遠超過第一部作

---

12　〈立正安國論〉，是日蓮於 1260 年 7 月致當時日本最高權力者北條時賴的意見書。意思是要 "立正法，安國家"。認為當時接連不斷襲擊日本的大地震等天災和饑饉、瘟疫的蔓延，是因為採用了排斥正法的教義和僧侶，因而主張要皈依正法。並進一步預言，如不採用正法，國內接着將發生政變、謀反和外國的入侵。後來發生的二月騷亂（1272 年）、蒙古入侵（1274 年），日蓮認為是該意見書中預言的應驗。

品，觀眾的人數也會減少。據說這是一般的傾向。但是，《續·人間革命》的觀眾超過了前部作品。聽說作品獲得了很高的評價，大家認為其內容也超越了一個宗教團體的範圍，具有故事性和思想性等。

後來我通過攝影進行影像的展示和出版活動。我想，這和當時了解到影像強大作用的經驗不無關係。

我和報紙連載小説的緣分至今仍然未斷，現在還在繼續小説《新·人間革命》的連載，依然在和稿子進行搏鬥。

# 和夏威夷的朋友在一起

　　珊瑚礁的大海閃耀着藍綠色的光芒，南國的太陽燦爛耀眼，蔚藍色的天空萬里無垠，椰子樹的葉子在微風中搖曳，波濤上浮動着遊艇，色彩鮮艷的花兒盛開，飄溢着撲鼻的芬芳。

　　夏威夷的威基基海濱，這一天人山人海，匯聚了數萬民眾。1975 年 7 月，美國 SGI（國際創價學會）的會員以檀香山市為舞台，舉行了為期三天的"夏威夷大會"。

　　作為慶祝美國建國 200 週年前一年的紀念大會，得到了夏威夷州政府和檀香山市的全面支持，除了全美各地的約兩萬名代表外，一般市民也有很多人參加，是一次盛大的慶祝活動。在繁華的卡拉卡瓦・阿貝紐大街上，舉行了盛裝慶祝遊行，還有銅管樂隊、鼓笛樂隊的演奏和彩車的遊行等，可謂多姿多彩。最後一天，用音樂喜劇表演了美國的建國精神，謳歌了"阿洛哈（Aloha）"的精神。

　　夏威夷州州長喬治・阿里約斯先生代表東道主致詞。他說"阿洛哈"精神在於克服了人種、語言等一切歧視，人與人之間互相攜手合作。並稱讚在美國的 SGI 會員的身上，感受到及看到了這種精神的昇華。

在夏威夷這個地方，看到如此眾多的美國人作為佛教徒個個都滿懷希望，為信仰所激勵，我打內心裏感到高興。不管怎麼說，在此十五年前，我初次抵達檀香山機場時，來迎接我的，僅有一位從夏威夷島來的青年。

當時下榻的飯店，是一家簡陋的旅館。那時是外幣管制的年代，所以那次旅行連一塊美元也要節省着用。

第一次訪問夏威夷，打開了面向世界正式傳佈佛法的第一頁。那次訪問僅僅逗留了一天半，但有三十來人參加了座談會。這次小小的聚會，要引起世界的注目，還需要相當長的時間。在那以後，我還多次訪問了夏威夷，拚命地鼓勵會員，和他們不斷地對話。

記不起是甚麼時候了。夏威夷會館裏的會議已經結束，會員們也都回去了，四周為一片寂靜所籠罩。這時，腦海裏浮現出一起分擔勞苦、一起前進的親愛的同志們的面容，我提筆寫道：

"藍天，碧海，光輝的太陽，潔白的雲彩。朋友啊，把這樂園夏威夷變成永遠的寂光淨土，成為純潔的大將吧！"

我步出戶外，一輪圓月發出清輝，天上繁星密佈，空氣清新澄澈。

我也曾在瓦胡島夕陽西下的落日山上和會員們交談。眼下的懷梅亞海灘，一到夕陽下落的時刻，就顯得格外的美麗。雲間灑落的光線，立即把藍色的大海染成金色。"懷梅亞 (Waimea)"在夏威夷語中是"紅色的水"的意思。落日的海灣，確實是莊嚴的"紅色的海灣"。

我對那些身穿五顏六色的夏威夷襯衫和連衣裙的會員們說：

"我雖是佛法的指導者，但是，截至目前，我一次也未想過，我的地位在你們之上。"

在夏威夷的名花安祖花、鶴望蘭、朱槿競相綻開的美麗大自然中，夏威夷朋友們的笑臉熠熠生輝。我說：

"我和諸位是兄弟姐妹，是朋友，有時也會成為你們的父親，從內心裏關注你們的成長。"

## ❖ 信仰沒有差別，原點是人

人與人之間不應有上下等級的差別。何況在宗教的世界裏，更應如此。

據說夏威夷在 19 世紀初曾發生過宗教革命。傳承古代玻利尼西亞神話的人被稱作"卡夫納"。他們作為神官、祈禱者、預言家，掌握着世襲的權力，極盡榮華、權勢。為了維護自己的特權和利益，他們給人們下了種種的禁令，只要觸犯了禁令，就處以死刑，或當作活犧牲。

比如説，貴族、神官以外的人不得使用黃色、紅色，不許女性同男性一起進餐，女性不能吃香蕉和椰子。因為他們讓人們相信這樣會遭到眾神的懲罰。

但是，從海外來的人識破了這些迷信的本質。外國的女性吃了香蕉，和男性一起進餐，穿着紅色、黃色的西服進入神殿，並沒有遭到懲罰。人們產生了懷疑，開始覺醒了。

卡梅亞梅亞國王死後，王位的繼承人否定了玻利尼西亞古代的眾神，放逐了神官和祈禱者，廢除了所有不合理的宗教禁令。據説這次宗教革命得到很多人的支持。

夏威夷有兩個極其美好的寶物，那就是美麗的大自然和"阿洛哈"精神。"阿洛哈"這個詞，是在歡迎或告別時用以表示出自內心的好意的。由此而逐漸把重視友愛的和諧精神稱作"阿洛哈"精神。我希望能珍視這種從夏威夷人民的智慧中產生的"阿洛哈"精神。

不管是站在多麼華麗盛大的舞台上，還是在多麼激烈的活動中流汗的時候，我的原點都是平民，都是人。大家都是平等的，沒有差別和歧視。我就是懷着這樣的心情生活過來的。我想這和"阿洛哈"精神也是相通的。

和我一起踏上世界之旅的妻子，也是以同樣的心情在為大家工作。最初她不喜歡拋頭露面，但隨着和海外的要人、文化人、有識之士的會見，以及夫婦一起出席活動的增多，她放棄了原來的想法。不過，在把和當地的 SGI 會員見面當作首要的大事這一點上，她是始終不變的。

我本來就身體羸弱。即使在國內，每天也過着急行軍般的生活，不知甚麼時候會倒下，甚麼時候會臥病不起，何況在國外，更是倍加繁忙。但是，由於妻子在飲食、睡眠、微妙的日程安排等方面為我操碎了心，我的生活才得以很好地渡過。

對於決心要每天都進行開拓和挑戰的我來説，妻子的關心是值得感激的。有時她是護士，有時她是秘書；既像母親，又像女兒和妹妹。不過，首先是同志。我就寢以後，妻子靜靜地祈願我的健康，這也使我感謝。

總之，夏威夷的會員們一直在快活而頑強、非常明朗地成長。與劃時期的藍色夏威夷大會的“阿洛哈”並列的另一個主題，是在美國建國精神中躍動的、令人自豪的勇氣和熱情的“開拓精神”。


## ❖ 夏威夷是世界和平的要地

“威基基”的意思是“噴湧出來的水池”。在這片海濱的大海裏，的確建造了一座人工的浮島。據説和一座六層高樓同樣大小，構思的新穎和宏偉，果然是美國式的氣魄。以這座浮島為舞台，萬發焰火騰空而起，高唱起主題歌《遙祝 200 年後的未來》。

最精彩的是海上音樂劇的表演，主題是要喚醒為自由和獨立而戰的那種朝氣蓬勃的美國精神。平民為了崇高的目的而攜起手來戰鬥 —— 這就是眾所周知的 1776 年（美國獨立宣言）的精神。

志願軍與誇耀佔有絕對優勢武力的英軍對抗，最後為爭取自由和獨立而起來戰鬥。他們總是在緊要關頭立即出動，被人們稱作"不耽擱一分一秒的人"，勇敢地進行戰鬥。44 歲的喬治・華盛頓（後來的美國第一任總統）雖然缺乏軍事經驗，還是被推選為司令官，組織了由志願軍組成的獨立軍。

跟稱霸七大海洋、慣於作戰的英軍打仗，當然是極其困難的，他們沒有像職業軍人那樣受過訓練，不斷地敗退，鬥志受挫，還出現了逃兵。但是，獨立宣言的起草人本傑明・富蘭克林支持華盛頓，向志願軍的士兵們大聲地呼喊：

> 諸君，現在正是行動的時候，
>
> 是豁出性命的時候。
>
> 歷史在等待着回答：
>
> 雄鷹是墜落塵埃，還是展翅飛翔？！
>
> ……
>
> 為了正義，

不惜生命的美國人在何方？！

自由！

正義！

獨立國家！

來，讓我們前進吧！

攜起手來！


（作詞：布萊恩‧鮑特）


　　夏威夷一方面刻印着戰爭的悲劇，同時又展現出真正的和平的景象。就從它的地理位置來說，我認為這些島嶼也能為環太平洋地域的文化繁榮與和平起到關鍵作用。

　　1995 年 1 月，時隔 10 年後我又訪問了夏威夷。這次是接受了東西方中心和夏威夷大學斯帕克‧松永研究所的聘請。當時未想到該研究所竟贈給了我"阿洛哈國際和平獎"。另外，還和阿里約斯等令人懷念的友人再次重逢。

　　第二次世界大戰結束已經 50 年了。我應邀作了題為"為了和平與人類的安全保障"的演講。論述了面臨 21 世紀，對於摸索通向和平道路的人類來說，真正的"安全保障"是甚麼。我一邊在演講中說，為此必須要培育具有"人類利益"觀點的"世界市民"，一邊在蔚藍的天空上描繪着夢想。

我想，夏威夷四面環海，必須要與四方交流。它完全可能成為"和諧"與"融合"的新世界的典範。

# 凝視幼小孩子的眼睛

"長着兩個大翅膀，翩翩飛舞 —— 這是甚麼？"一個幼小的孩子，圓睜着兩隻大眼睛，要我猜這個謎語。

我回答道："是蝴蝶吧。"孩子立即用可愛的聲音大聲説："猜對了！"興致勃勃地圍觀我們問答的其他的孩子們，爆發出一陣明朗的歡呼聲。—— 這是札幌創價幼稚園開園的 1976 年 4 月 16 日，在幼稚園校車上的一幕情景。

入園儀式結束後，我想送一送孩子們和他們的父母。來到了正門前，孩子們早就在歡蹦亂跳地鬧騰着。看來是因為見到嶄新的校車而高興。

他們用小小的手指頭描劃着奶油色車身上的動物畫，臉上流露出迫不及待地想乘坐的神情。

校車預定第二天才運行，但為了紀念隆重的首次入園儀式，我徵得園長先生的許可，攬下了把孩子們送回家的任務。

第二天，我繼續充當臨時的校車乘導員。在車內，有忘我地和早已親密起來的朋友歡鬧的孩子，有哭鼻子的孩子，超出想像地熱鬧。

我把哭鼻子的孩子抱到膝上哄他，給他們講即興編的童話——要滿足這些小王子、小公主們的要求，還真是一件難事。

偶然望一下窗外，在北國春天的天空下，遠處的手稻羣山霧靄蒙蒙。

在手稻羣山的對面，有創價學會第一任會長牧口常三郎先生渡過少年時期的小樽。小樽的對岸，就是恩師戶田城聖先生的故鄉厚田。

兩位先生都是在北海道渡過求學的青春歲月，接着在小學執教。我年輕的時候也在這片土地上刻下了奮鬥的歷史。在札幌、小樽、夕張，令人懷念的回憶真是數之不盡。對我來説，北海道是不可思議的"師生緣"的天地。

——作為"創價一貫制教育"的構思之一，我打算繼大學、高中、初中之後創建創價幼稚園，創建地必須考慮放在這塊"師生有緣的土地"上。


❖ 把人本教育的學校推向亞洲

幼稚園的所在地羊丘，在札幌市郊外也算是屈指可數的風景優美的地方。

春天，蜜蜂在黃燦燦的蒲公英花上飛舞；夏天，在爽朗的北國陽光中，白楊樹銀色葉子背面閃閃發光；秋天，蜻蜓在涼風中搖擺的芒草的草穗間穿梭飛行；冬天，一望無際的草原變成了白銀的原野。

在創建幼稚園的時候，我最重視的是自然環境。至於甚麼原因，這也是我按照自己的方式來實踐恩師的教導。

1954 年 8 月，我隨同恩師一起，初次訪問了厚田。

恩師帶着懷念的心情，領我去看了過去因捕撈青魚而熱鬧繁盛的港口，以及他自身出生的家。接着來到海邊。在夏日的夕陽下，厚田海金光閃閃，絢麗奪目。我在自己寫的詩中，吟詠了當時難以忘懷的感慨。


厚田村
—— 回憶恩師的故鄉


北海冰封厚田村，
無邊風雪增貧窮。
大海之濱一茅舍，
是我光榮一古城。


春夏詩情厚田川，
青魚浪湧日本海。
松前藩主來開拓，

斷崖屏風漁家村。

明月光下一少年，
耽讀傳記與史籍。
為憐紅顏而流淚，
正義之心常鼓動。

白髮老母織厚布，
祈願人間勝不正。
為求長虹能貫日，
鳳雛亦作天子舞。

老父爐邊常談笑，
滿臉皺紋補漁網。
丈夫應抗權威風，
父子共唱出征歌。

不忘無名厚田村，
離開故鄉為世人。
北風呼嘯美少年，
踏上征程馬上行。

恩師捲起褲腳，站在波浪來回擊打着的海灘邊，對我說道：

"這就是我故鄉的大海啊！就是這大海和大自然撫育了我。"

我跟在恩師的後面，盡情地呼吸着撫育了恩師青春的大海的空氣，靜靜地思考着海與山給人的幼年時期帶來的巨大影響。

回想起來，地理學的泰斗牧口先生也曾在其大著《人生地理學》中，詳細地論述了大自然對人的形成起着可以說是決定性的作用。他說："自然會影響我們物質的和精神的各方面生活"，"自然是我們真正的啟發者、指導者"。（《牧口常三郎全集》第一卷《人生地理學（上）》，第三文明社出版）

時代發生了變遷。不，到了日益失去自然的現代，這個原理一定會更加發出光輝。——在幼稚園的校車裏，我凝視着洋溢着生命喜悦的幼小孩子們清澈的眼睛，頻頻地想起恩師在世時的身姿和牧口先生的人生。

在此以後，我在中國香港（1992 年）、新加坡（1993 年）、馬來西亞（1994 年）也創辦了創價幼稚園，把這種"人本教育"的範圍擴大到了海外。

這些地區和國家的經濟發展都很顯著，所以對於將承擔起重任的下一代的教育，也給予了非同尋常的關心。我只是希望為培養將來能給社會作出重大貢獻的好市民打下基礎。關於特意在亞洲各地創辦海外學校，其中有一些原因。

我的父親過去曾經作為一個士兵駐紮在中國大陸和朝鮮半島。在停戰那年戰死在緬甸的長兄，以前也曾轉戰中國各地。父親也好，長兄也好，他們從戰地一回到家裏，就談起對誰也沒說過的話："日本太殘酷了。那麼做，中國人太可憐了。"

由於軍隊服役艱苦，父親和哥哥都疲憊不堪，面容憔悴。大概是回想起戰場上的痛苦經歷吧，在他們寂寞的眼神裏，充滿了難以言說的憤怒和悲哀。母親等家裏人只能默默無言。

當時，恐怕在許多家庭中都能看到這樣的情景。"戰爭"不僅在一瞬間把偶爾的一家團聚鋒利地撕裂開，而且還給這以後的一家刻上悲慘的傷痕 —— 我決不能忘記這一切。


## ❖ 在心靈的大地上培植和平的幼苗
### —— 孩子是天生的國際人

今年（1995 年）離戰爭結束已經 50 年了。可是，中國和其他亞洲的人們，由於日本的侵略所受的心靈的創傷依然很深。這樣的罪過怎麼補償也是補償不了的。

和平是"人"創造的。那麼，培育這樣的"人"，恐怕才會有實現和平的堅實的基礎──越是這樣想，我越發痛感到，用"和平的心靈"來聯結日本和亞洲人民的具體的"行動"的必要性。我認為，這也是作為一個日本人的當然的義務。

而且，如果要在心靈的大地上培植"和平的幼苗"，培植的時期還是越早越好。尤其像我這樣所謂"昭和初年出生的一代"，幼年和少年時期都是在被染成軍國主義一種顏色的時代中渡過的，這樣的想法更是強烈。

我之所以特意在亞洲各地創辦幼稚園，就是由於有着這樣一種原因。

海外第一所幼稚園"香港創價幼稚園"開園的那天，我非常高興的是，聽說札幌幼稚園的孩子們聽到這個消息後，爭先恐後地用小手轉動着地球儀，尋找"香港"的所在。

香港幼稚園的孩子們，大概也在詢問老師關於札幌的"師兄、師姐"們的情況吧。

溫暖的香港是不下雪的。也許他們還會想到北海道冰冷、潔白的雪花而心情激動吧。

"歡迎！""歡迎！"──1993 年 5 月，我初次訪問香港幼稚園。在道路的對面，幼稚園的孩子們發現了我們夫婦，立即發出一片歡呼聲，朝着我們跑過來。

霎時間，握手與笑臉聯歡的圈子擴散開來。那種熱烈的氣氛，那種天真爛漫——無需令人拘謹的寒暄，無需一切形式。大家體內充滿了"活力"，充滿了"光輝"。儘管是初次見面，"心靈"也立即相通了。

從孩子們的眼睛裏，我看到了和札幌幼稚園的孩子們同樣的光輝。一瞬間，我腦子裏想到——這熱烈的氣氛，正是和平的泉水、文化的源頭。

"在那個國家和這個地區，都有朋友。"

不管大人的世界多麼複雜，都和幼小的孩子沒有關係。在孩子們自己的世界裏，確實在培育着對大海對面的不相識的朋友的友情。馬來西亞幼稚園的孩子們、新加坡幼稚園的孩子們恐怕也是同樣吧。在走向未來的孩子所描繪的"下一代的世界地圖"上，是沒有國界的。這不正是勝過千言萬語的"和平的海上之路"嗎！

——世界是廣闊的。但是，人的心靈世界更加廣闊。"天生的國際人"們，比誰都更清楚這一點。反倒是大人們應當向孩子們學習，應當以孩子們為榜樣——每當凝視着幼小孩子的眼睛時，我都不由得這麼想。

# 寄思"接班人日"

1976 年 5 月 5 日，在關西的戶田紀念講堂裏，召開了從小學生到高中生都來參加的未來部大會。會上決定把 5 月 5 日的"兒童節"定為"創價學會接班人日"。

我就六點向肩負 21 世紀重任的孩子們發出了呼籲，希望他們能夠茁壯地成長。

這六點是：

一、要健康；

二、要讀書；

三、不要忘記常識；

四、絕對不要急躁；

五、要多交朋友；

六、首先要自己創造幸福。

在大會前，我與從和歌山趕來的代表，在前院的水池中放養了 20 條鯉魚。在燦爛的陽光照耀下，噴泉像瀑布似的閃閃發光，緋鯉和錦鯉活蹦亂跳地在水池中游動。快樂地走向未來的孩子們一齊歡呼、鼓掌。我衷心地祝願他們能茁壯地走上美好的人生，為社會作出貢獻。

不用說過去，就是現在的日本，在兒童節那天，也是到處掛起鯉魚旗表示祝賀。據說是表示鯉魚跳龍門的意思。日蓮大聖人的遺文中也引用過"龍門瀑布"的故事。

故事的內容是這樣：從前中國有個又高又大的瀑布，叫龍門瀑布。它的水流比強壯的士兵拉滿弓射出的箭還要快，跳上這個瀑布的魚就會變成龍。但是，100條裏沒有一條，1000條裏沒有一條，1萬條裏也沒有一條，而且10年20年也沒有一條魚能跳上去。即使有跳到相當高度的魚，半途中也會被鷗、鷹、鳶、貓頭鷹吃掉，或者會被在瀑布兩側嚴陣以待的漁夫捕獲。幾乎沒有一條魚能變成龍。

這個故事說明能悟佛法是非常難的。把一個孩子培養成材也同樣是很難的。

那天未來部的大會，我是從會場的後面進去，坐在會場內的聽眾席位上，成了孩子的夥伴。我作為參會者的一員，和孩子們一起聽講，留下了一段愉快的回憶。

對未來的期待是期待，但在現實中看到會場裏孩子們生氣勃勃、目光炯炯的小臉，還是不禁為他們擔心起來，於是跟他們搭話說："累不累？""肚子餓不餓？"

我衷心地感謝那些盡心盡力照顧這些少年的青年們，鼓勵他們說：

"孩子們這麼難得聚到這裏來，也有可能會把聽到的東西全部忘記。但是，大家聚到一起來這件事是不會忘記的。所以，能聚到一起是很重要的。"

我還說："不要把他們當小孩子看待。也不要反過來成為小孩子的奴隸。"

第二年——1977 年的 5 月 5 日，我説道，希望男孩子成為"正義的人"、女孩子成為"幸福的人"，勇敢地登上新世界的大舞台。

有一年的"接班人日"，我説過這樣的話："大家都是今後要在大地上扎根、培育成大樹的小樹苗。任性和撒嬌會毀掉自己。要知道忍耐是對自己的磨煉。現在也是鞏固基礎的時期。"另外一年我向孩子們呼籲説：希望你們"堅強地"、"正確地"、"明朗地"生活下去。

### ❖ "努力的人"才偉大

愛自己的孩子，恐怕任何國家、任何地方都是相同的吧。所以，這種愛如果能在爭取世界和平的運動中開花結果，那就再沒有比這更令人高興的事了。我最大的願望之一，就是希望能讓孩子們茁壯地成長。

每年這個日子的到來，我總是全力以赴地來迎接它。

對於創價學會來説，"接班人日"是繼 5 月 3 日"創價學會日"之後的重要的日子。一切建設都是由"人"來決定的。因為雖説是"人"，實際上只能託付給年輕的一代。

1981 年的 5 月 5 日，我寫了一首題為"誓願"的詩，贈給了他們：

始終懷有誓願的人，

是尊貴的、美麗的。

因為在這個世界上，

只有人才能懷有誓願。

心中懷着這種誓願，

為實現這種誓願而努力一生的人才是偉大的。

進入平成年代的第一個 5 月 5 日，我高興地發表了如下的講話：

"諸位可以説是學會接班人的寶貝、廣宣流布（傳佈佛法的意思——編輯註）的寶貝、21 世紀的寶貝。像諸位這樣的寶貝，今天在全國聚集了約 20 萬人。我心情十分激動。"

"我從 19 歲起，就背負起'廣宣流布'的重任，就背負着和戶田先生同樣的使命，為和平而戰鬥過來的。"

不只是在日本國內，只要看到聽到後繼的朋友的成長，我都非常高興。我也聽說過這樣的事：

某大學的一位教授在講課中批判了創價學會。一個學生表示抗議，要求教授拿出批判的根據來。於是，這位銳氣旺盛的學者花了一個晚上的時間，查閱了熟人提供的批判學會的大量的誹謗、批判報道。

這時，他感到困惑了。因為他在每天的講課中都一直強調，在法律和審判的領域裏，來自謠傳、傳聞的間接證明是沒有任何效力的，只有以事實為根據的直接證明才有意義。而指責學會的報道都沒有超出謠傳、傳聞的範圍，連間接證明都算不上。在日本的社會中，創價學會已成為如此重要的社會的存在。而在判斷、評價學會時，他覺得自己學習太不夠了。據說他坦率地道了歉，作為一個社會學家、法律專家，他反省自己，感到羞愧。

教授與抗議的學生開始了交流，並和創價學會的其他的學生們也交換了意見。他感到，在這個世上，他們胸懷大志、朝氣蓬勃地在向人生挑戰。怎麼會有這樣理想的青春呢？想來想去，他得出一個結論，只能認為是這些學生從少年時期就由信仰的宗教培養了他們美好的人格。據說這位教授理解了創價學會，與學生們的關係也日益加深，受到學生們的愛戴。

我還遇見過一位定時制高中的學生，也使我難以忘懷。他的父親患上了一種動脈堵塞引起肌肉逐漸糜爛的頑症

—— 血栓堵塞性脈管炎，極其痛苦，雙手雙腳都被截去了。但他還説："我還有嘴巴，還有眼睛，還有耳朵，不，還有生命的歡喜。"他坐在輪椅上艱苦奮鬥着。

作為兒子的他，因為經濟拮据，放棄了升入全日制高中的念頭，進入了定時制高中。他怨恨父親，感到人生渺茫，非常苦惱。但我鼓勵他説："受過勞苦的人一定會勝利。這是佛法的教導。"於是，這位高中生懂得了父親的心，對父親表示感謝，拚命地與逆境作鬥爭，取得了勝利。現在，他已經成為一個受眾人尊敬的領導人，大放光彩。

由於這些前輩的鼓勵而加固了信賴的紐帶的孩子們，正是我們的驕傲。幾萬、幾十萬像他們這樣的人，已經茁壯地成長，活躍在社會的第一線上。


## ❖ 不能忘記他們的眼淚

有痛苦的地方，就需要有來自周圍的希望和鼓勵。我曾經訪問過位於印度的加爾各答郊外的納倫特拉布爾的綜合學園。

這裏，從小學到大學的一貫制教育設施完備，只有男學生實行寄宿制，學生有千人。我訪問了該校附屬的盲人學校。雙目失明的學生們在實用技術訓練所進行作業。他們認真地在接受組裝螺栓、螺母和使用銼刀等的訓練。四名學生代表來向我問好致意。我一個一個地擁抱了他們，從內心裏向他們呼籲：

"希望你們不要忘記，儘管眼睛失明了，更要創造偉大的人生。人都是平等的。"

"關鍵是自己如何創造希望，如何堅定勇敢地生活下去。堅持到底的人是真正的人生的勝利者。"

令我吃驚的是，學生們的臉上發出了光輝，眼睛裏充滿了大顆大顆的淚珠。我不能忘記他們的眼淚。從那以後已經過去了十六年，我再也沒能訪問那裏。我經常思念他們，希望他們能成為印度的好公民，作為幸福的父親、丈夫在社會中活躍。

聽到科學家們的新研究，也說人是環境的孩子。沒有生下來就才能、質素出類拔萃的孩子。孩子都是懷着寶貴的、不可替代的使命和各種可能性生到這個世上的。把這些孩子們培養成優秀的"人類的接班人"，是大人們這些人生老前輩的工作。特別是創價學會，從第一任會長牧口常三郎先生起，就念念不忘要把只有縱向聯繫的學問、人生方式轉變為橫向聯繫的學問、人生方式，形成多樣性的社會。

特別是在孩子苦惱的時候，不用說父母，就是前輩們也要給予鼓勵，這是不可缺少的。看到這樣的孩子時，我會第一個飛跑過去。以前是這麼做的，今後也願意這麼做。扛起開拓未來的大旗的人是年輕人。我祈願今後年輕人會人才輩出，我也願為此付出全部身心。

# 學是光

5 月的薰風吹拂着校園。一叢一叢盛開的杜鵑花，競相展示色彩的絢麗。新綠散發出鮮嫩的青春的氣息。

1976 年 5 月，創價大學開設函授教育部，舉行開學典禮。在這最富有生命力的季節，函授生們意識到了困難，但仍向函授教育挑戰，爭取大學畢業，表現出他們獨特的精神面貌。

希望鑽研高深的學問，同時又對前途感到很大的不安。他們一般都認為與大學教育無緣，但還是鼓起勇氣來敲大學之門。

意想不到的是，等待這些參加典禮的學生的，都是自然地以笑臉來迎接他們的在校生，一片鼓掌支援的聲音。在歡迎的長長的隊伍中，也有教職員的身影。

全校都在祝福這些好學的新夥伴。這是他們沒有預想到的。函授生們的心中也是熱乎乎的。他們是經過一番猶豫才申請入學的。現在大家都覺得來對了。

當然，僅憑感動，事情是不會成功的。對於函授生來說，真正向困難挑戰，還是從現在開始。

創價大學最初於 1971 年 4 月開設了經濟、法學、文學三個系。五年後的 1976 年 4 月，新增設了經營、教育兩個系。研究生院是在這前一年成立的。

　　充實大學課程告一段落後，我們開始籌劃設置函授教育部，5 月迎來該部開學的日子。這也可以說是我們等待已久的“第二個建校”的大喜事。

　　從構想設立的當初，我就殷切地希望能為勞動青年和因某種原因而未能上大學的人們，提供一個學習的機會，並拜託了高松校長（現在的總長）等人來推進這項工作。這與我的經歷不無關係。

　　對於出生於昭和年代的人們來說，大家生活在戰爭時代，整天忙於軍事訓練和“勤勞奉公”，青春時期根本不可能學習。到了戰後，由於被徵入伍的哥哥們很晚才從外地復員回來，為了留在家中的家人能活下去，我也不得不拖着病弱的身子，每天拚命地工作。那時多麼渴望學習啊！

　　一邊勞動、一邊開始上夜校以後，我還不由得想着，如果能過上白天學習的學習生活，盡情地鑽研學習，那該多好啊！

　　我完全理解那些大志未遂卻被封閉了求學之路的人們的心情。我經常提醒自己，要把這些人放在首要的地位來考慮。

## ❖ 克服挫折和焦躁而會聚到一起的學友們

大學函授是根據戰後 1947 年實施的學校教育法，後來又基於大學開放和教育機會均等的理念來推展的。現在有創價大學、慶應大學等 12 所大學在施行。函授生總數有 10 萬人。函授教育歷史悠久，據說東京專門學校（早稻田大學的前身）於 1886 年開始通過講義進行的校外教育是它的雛形。

在開學典禮上，那些從十幾歲到七十幾歲的廣泛的年齡層的人們，幾乎是從日本全國各地會聚來的。當然，函授教育性質是入學容易、畢業難。能夠順利達到畢業的比例是極小的。

我實在無法抽身來參加典禮，託人捎去了祝福。我希望平時不得不獨自一人刻苦學習的函授生們，能謀求和志同道合的朋友的交流，互相切磋琢磨，獲得人生的摯友。因為我認為，這是完成函授教育的關鍵。

聽幾個學生說，雖然入學了，但學習並不如想像的那麼順利，學習報告也寫得不滿意。由於工作很疲勞，坐到桌子邊，馬上就有睡意。為了閱讀課本，特意乘坐電車，不坐在座位上，而是抓住吊環翻閱課文。有時為了不至睡着，不鋪坐墊，堅持學習。可是，一清醒過來，已趴在桌上睡到第二天早晨了。他們深深地感到挫折和焦躁。正當他們開始擔心能不能堅持到畢業的時候，夏季集中授課又開始了。

為了安排參加這個集中授課班，大家又費了很大的氣力。主動替換加班、值班的時間。擔心在單位和周圍的人們中間能不能造成支持自己的氣氛。這一切都關係到自己平時的工作情況和生活態度。在主婦當中還有這樣奮鬥的故事，有人竟把家裏人幾天內要吃的食物做好放在冰箱裏，然後來聽課。

參加了這個 15 天的夏季授課班的函授生們說，最重要的是由於大家可以互相認識和了解，感到安心，受到了鼓舞。大家都是同樣的夥伴，都在與現實搏鬥。他們說，即使會遭到挫折，但如果認輸，那就一切都完了。

我的心情是非常同情他們，總想着一定要激勵他們每一個人。

我找了一個機會，為了不影響他們，悄悄地走進了教室。

"我也走過和大家同樣的路。"我這麼一說，函授生們的眼睛都亮了起來。"沒有任何挑戰，平平凡凡的日子，是產生不出偉大的人格和真正的才智的。在誰都看不見的地方努力的人，最後一定會取得勝利。我相信，從大家當中，一定會湧現出第一流的人物。"

在集中授課期間，大家滙聚一堂，舉行"學光節"，以後形成了一種傳統。令人高興的是，它已成為和創價大學節媲美的傳統活動。我參加過幾次。函授生們氣宇軒昂的樣子，令人感到前途有望。每次聚會都很愉快。

特別令人高興的是，在安排時間上最感困難的函授畢業生們，在集中授課期間，想方設法擠出休息時間，主動來為後輩們擔當工作人員。不是自誇，恐怕只有創價大學才會有這樣的景象。

對於函授生來說，還有一種鼓勵的力量，那就是函授教育部的機關雜誌《學光》。"學光"這個詞來源於蘇格拉底的話──"學是光，不學是暗"。這是我受他們的請求命名的。

這本機關雜誌支撐着孤獨的勤奮學習的函授生們，也起到了校園的告示牌的作用。每月一號發行，已出版了很多期，一直延續到今天。

他們每到一個階段都要求我寫稿。在第 200 期上，我寫了與南非總統曼德拉先生（當時）會見的情況。他在監獄裏囚禁了一萬天，超過四分之一世紀的時間是在鐵窗裏渡過的。這位不屈不撓的鬥士，實際是一位舉止穩重的紳士。他熱情地跟我談過大學教育的重要性，期待與創價大學交流。曼德拉先生學法律，通過函授教育取得學士學位，後來成為一位律師。他極力擴大學習的時間和場所。説起來，他是函授生的老前輩。

以創價教育學説而聞名的牧口常三郎先生曾提出過"半日制學校制度"。這個倡議目的是爭取學習生活與實際生活的協調，是對人的教育方式尖鋭的質疑。從過熱的考試競爭、偏重學歷以及學問與實際生活偏離等今天的教育現狀出現的困境來看，這個半天在學校裏學習、剩下的半天在社會中勞動的簡潔而卓越的倡議，將超越時代，帶着很大的説服力向我們逼近。函授教育就是遵循這一倡議而產生的。

在社會第一線上活躍的經營者們，痛感學問的必要，參加了函授教育。據説他們了解了市場經濟的結構、價格決定的機制後，感到茅塞頓開。他們由於在社會上經營事業，所以理解得快，很快就會把知識運用到實際生活中去。這可以説是半日制學校制度很好的具體例子。

國外的函授教育，是為了那些沒有機會接受正規教育的人，以提高一般教養和取得資格等為目的，很早就發展起來。美國有 450 個函授教育機構，作為終身教育的接收單位，其重要性越來越大。在英國，根據"開放大學（Open University）"的構想，函授教育作為重要的教育方法，具體體現為廣播大學等。在德國，"成人大學"作為與函授教育合作的社會教育機構，正在發揮其作用。

在日本，由於老齡化的發展和終身教育的必要，函授教育也備受關注。一位中年婦女，戰爭期間是從防空壕去上學，在戰後一片混亂中放棄了升學的念頭。現在她參加了函授班。這種喜悅是任何東西都無法替代的。另一位六十多歲的男子，在退休後為了尋求新的生活意義，當了函授生。在上體育課時，他雖然嚷着"不得了，身子動不了"，還是再次煥發了青春。


## ❖ 畢業生們的拼搏奮鬥

創價大學開設函授教育部很快就要 22 年了。到目前為止，送出去的畢業生已超過 6000 人。實際在籍的學生有 15000 人。

一度放棄上大學的人們，因處在逆境之中，更加痛感到教師的珍貴。在誰都顧不上自己的時候，唯有某個老師親如骨肉般地來和自己親切交談——經常聽到這樣的聲音。

對沒有徹底放棄升學念頭的學生，是教師告訴他們通過函授教育升入大學。他們能夠在生前流着眼淚説"沒法讓你上大學，對不起，對不起"的母親的墓前，雙手呈上創價大學的畢業證書，也是教師的功勞。

擁有這樣大大小小回憶的人，做好吃苦耐勞的思想準備，為了今後自己能和學生分享自己從教師那裏所受到的感動，爭取要當一名教育工作者。突破"教員採用考試"難關，在全國執起教鞭的創價大學函授畢業生，竟超過 700 人。這是值得大書特書的事，正引起許多大學相關人士的注目。

隨着函授媒體的多樣化，運用電腦和通訊衛星來進行函授教育等工作，在各地都獲得了新的發展。創價大學把國際化和信息化當作重要的課題，正致力於開展海外講習和電腦教育。

總之，如果超過 6000 人的函授畢業生都以踏踏實實的幹勁來開拓人生，作為創辦者的我來說，沒有比這更幸福的事了。最近我最高興的事，就是畢業生們的拼搏奮鬥。

# 人間革命之歌

你也奮立起，我也奮立起
在廣布的天地上
一人奮立起
高高地舉起正義勇氣的旗幟
打開創價櫻之道

這是我用"山本伸一"的名字作詞作曲的《人間革命之歌》中的一段。

這首歌是在 1976 年 7 月的本部的幹部會上發表的。由於發表前才剛剛完成，給擔當演奏和合唱的人們增添了相當大的負擔。

學生部音樂委員會、富士學生合唱團以及女子部的志願參加的會員——他們儘管沒有足夠的時間練習，但在大會上還是精彩地展示了朝氣蓬勃的青春的歌聲和演奏。為了表示起碼的感謝之情，我和他們一起拍了紀念照片。

寫這首歌時，第一次宗門問題已經露出了徵兆。本應是聖職者的僧侶們，竟然蔑視信徒，倚仗其渺小的宗教權威，企圖策動統治民眾。後來自稱為"正信會"的一部分惡僧們，在全國各地開始了對學會毫無道理的指責和誹謗。

如果這只是針對我個人，那還好說。為了保護珍貴的學會和會員，我自身甘願遭到任何批判的攻擊。可是，一心一意希望"僧俗和合"的平民們，卻遭到一向受到他們保護的聖職者單方面的欺壓和咒罵。他們的悲傷和痛苦是多麼深重啊！

而且，當時是極其嚴峻的時期，對這些惡僧們的陰謀，連不得不發的正義的聲音也不能公開地發出來。儘管這樣，"為了僧俗和合"，同志們還是懷着切齒痛恨，忍之又忍。

為了這些勇敢的珍貴的朋友，我究竟能做些甚麼呢！？

我暗自苦思冥想。——《人間革命之歌》就是在這樣的背景下誕生的。


### ❖ "要懂得歌的精神"—— 恩師嚴愛的教導

歌中有一種"使人前進的力量"。它是歡樂的歌、踏上旅途的歌、革命的歌、愛的歌……有時它如同太陽，照耀人們心靈的大地，使人們湧起巨大的勇氣和希望。有時它如同月光，溫柔地擁抱着人，治癒人們的心靈，使人們靜靜地恢復走向明天的活力。一首歌具有的巨大的力量，有時是無法估量的。

我還認為，有着民眾的歡樂的歌聲的地方，那裏會經常有"自由"，有"蓬勃的朝氣"。相反，封閉民眾的歌聲，參照歷史來看，那是利用權力實施高壓政治的一種象徵。

正因為有着惡僧的欺壓民眾，妄圖用僧衣的權威來束縛民眾的陰險的言行，所以我才想把可以説是新的"心靈自由"的歌、"朝向幸福前進"的歌，贈給全國的朋友們。

我認為，狂風暴雨肆虐的時候，正是作為佛法者進行"人間革命"的大好時機，是"從大地湧出的同志們"應當勇敢地開闢使命的道路，踏上征途的時候。

原來我的恩師戶田城聖先生就經常説："要懂得歌的精神"，強調即使是多麼美好的歌，如果不懂得它的"精神"，那就不算是懂得這首歌，不能唱好這首歌。

對於歌唱方法這一點，恩師的要求也是非常嚴格的。他經常訓斥我們這些年輕人説："這麼唱，你懂得這首歌的精神嗎？"他自己作詞的歌有《同志之歌》，還有《星落秋風五丈原》、《霧中的川中島》等。説到歌，對恩師的回憶真是數不勝數。

總之，恩師的心意是想培育、教導青年。這種嚴厲的愛的教育，不僅是唱歌，其實還涉及歌唱的指揮方式。

有一次，恩師這樣對我説：“大作，在我的面前指揮指揮看看。要像舞蹈似的指揮。”還指着一個坐墊説：“不能踏出這個坐墊的範圍。”

　　恩師大概是想通過歌唱的指揮，教導我面對鬥爭時的“靜與動”的結合，以及緩急自如的呼吸方法。恩師以嚴厲的目光，默默地注視着我認真舞動的一舉手一投足。沐浴在恩師這樣的慈愛中，我感到很幸福。

　　“歌是要用心來唱的，而且要用心來聽。”——我在努力作詞時，恩師的身影和話語一刻也沒有離開我的腦海。

　　我覺得我是和恩師一起創作了這首《人間革命之歌》。

　　歌詞終於寫好了，問題是曲子。我本來就沒有受過專門的音樂教育，在樂譜上循着音階作曲也沒有把握。曲子的大體輪廓一完成，我就向周圍的年輕人徵求意見，一點一點地推敲。

　　“這裏要用更強烈的曲詞”、“這一段用更輕快的指觸如何”——經過反覆的摸索試驗，歌詞和曲子終於都作好了。那已是逼近幹部會召開日子的晚上了。

　　不過，這是要在很多朋友的面前發表的歌。不知朋友們將會怎樣來聽這支歌，是否是創作了一支能夠自然地唱出來的歌。

　　作為詞和曲的作者，我還是很在意這些的。因此，我把剛剛製好的錄音帶，提前放給各個方面、各個縣的一些重要的人物"試聽"。

在學會本部辦公室的一個角落裏，我向全國各地打電話，播放僅有鋼琴旋律和歌聲合成的試聽錄音帶。這種電話也是一個一個打過去的，有多少時間也是不夠用的。

辦公桌上有三部電話，我等待着各個電話的對方出來接電話，然後在三個話筒的面前轉動錄音機。眼前浮現出各地朋友珍貴的面容，我一邊祝願他們頑強奮鬥，一邊播放着剛剛誕生的歌曲。仲夏夜的試聽會結束的時候，夜也已經很深了。

説到鋼琴，我已記不清自己是甚麼時候開始彈的了。不用説，我是在每天的公務中抽出一點點空閑時間來練習的。面對鍵盤的時間勢必也就經常沒有規律了。所以，在這方面有些修養的妻子，對我進行了入門的指導。

對於妻子來説，我想我可能是相當勉強的學生。不過，我最初學彈鋼琴的動機，是出於這樣一種心情，希望能給那些在第一線上努力拼搏的同志們送去一點點滋潤心靈的"文化"的片刻時光。

特別是隨着宗門的壓迫激化，遺憾的是有一段時期，我連和全國的朋友直接談話的機會都不能如願地得到。

正是在這樣的狀況中，應全國朋友的希望和要求，我坐在鋼琴前的時間大大地增多了。

幸好全國的朋友們都很愛唱《人間革命之歌》，理解了我的"心"。

　　但是，在那以後，"浪濤"更加強烈地向學會襲來。一段時期，終於連這首《人間革命之歌》和一些大家都愛唱的歌都不能唱了。不，是不准唱了。現在恐怕還有人記得這樣的狀況吧。


## ❖ 任何權威都不能束縛心靈

　　但是，任何權威都不能束縛心靈。在會議結束後回去的途中，在完成一天的工作後回家的路上，朋友們口中都哼着《人間革命之歌》，渡過那段痛苦的日子。

　　《人間革命之歌》是歌唱不管暴風雨多麼肆虐，也要昂首挺胸堅定生活下去的精神。人生中有暴風雨，也有黑夜，但是，如果能超越這些，就可以再次仰望晴朗的藍空。

　　知道冬天的寒冷的人，才會真正感受到春天的溫暖。痛苦越深，莫大的幸福的早晨越發明亮。能把甚麼樣的"命運"都轉變成"價值"的人——那是作為人的勝利者，是王者。能成為這樣的王者的"前進之歌"，那是最大的幸福。

　　這次和宗門的問題發生時，宗門開始説，以後不能唱貝多芬的《歡樂頌》。問他們為甚麼，他們説是因為那是"歌頌基督徒的神的歌"。

樂聖貝多芬使出渾身的力氣，對文豪席勒的詩句灌注進自己靈魂的氣息的這首歌，確實可以說是"人類的財富"。貝多芬談到自己的人生觀和音樂觀說："對於我來說，精神的王國很重要。它聳立在所有宗教的、世俗的君主國之上。"（新編《貝多芬書簡（下）》，小松雄一郎編譯，岩波文庫）

根據樂聖自己的觀點，《歡樂頌》不僅不是"歌頌神"，反而可以說是超越了基督教的神，讚嘆了人的"精神的王國"的宏偉。這種看法是"全世界的常識"。

歸根究底，簡要地說，宗門的意見是出自對"文化"與"和平"的活動的無知，對學會的嫉妒，只能說是愚蠢至極的"找岔子"。

同樣，過去"正信會"問題發生時，那些惡僧們經過種種辯論，也要求學會會員們"自我克制唱學會歌"。

我認為，這一切都是出自"企圖破壞美麗的學會世界"的惡意而產生的陰謀。為了切斷同志與同志之間的紐帶，他們妄圖連歌聲也要奪走。

但是，其結果怎麼樣呢？學會很快就成功地越過了這些險峰，開闢了通向更大發展的道路。其詳細情況，恐怕就不是本書記述的範圍了。

總之，現在已經從邪惡的聖職者的枷鎖中解放出來，勝利地取得了"心靈的自由"和"可以歌唱的自由"。我想把《人間革命之歌》中的一段，再次贈送給全世界的SGI（國際創價學會）的朋友們。

你也來看吧，我也正在看
那遙遠的天上彩虹
清澈又爽朗
大陽高昇的世紀勇氣凜烈
充滿人間革命的光輝
充滿人間革命的光輝

# 對母親的回憶與歌曲《母親》

我母親的名字叫"一"，1895 年生。如果還健在的話，今年該是 103 歲了。她是 1976 年 9 月 6 日 80 歲時去世的。直到去世的前夕，她還滿面笑容地說："我呀，活得很快活。"母親飽經風霜，面容卻非常安詳。

母親去世前一天，我聽說她病情惡化，本想一定要回一趟大田的老家，可是，正好出席在創價大學舉行的東京文化節，沒能趕回去。即使趕回去，母親恐怕還是和兩個月前我到她病牀前看望她時說同樣的話："我還挺好的。大家都在等着你吧。不要擔心我。去吧！"

好幾年前，聖教新聞社的兩名年輕的記者，採訪了在大田的老家和哥哥一起生活的母親。因為是會長的母親，兩人好像有些緊張。可是，據說母親一見到他們，就雙手在胸前鄭重合十，把額頭緊貼到榻榻米（草蓆）上，跟他們寒暄："大作一向承蒙照顧，請多多關照大作。"這事是我後來聽記者說的，覺得這很像母親平時的為人。孩子不管長到多大，母親還是母親。我對母親感恩不盡。

## ❖ 祝願偉大的母親們健康

母親去世前一個月，《母親》這首歌曲剛好完成，作詞是我，作曲是由畢業於音樂大學的兩位少女負責。

那年夏天，恩師戶田先生出獄紀念日的前一天（7月2日），在東京新宿召開了緬懷恩師的紀念會。從內院可以眺望到新城市中心的超高層大樓，藍天下播放着令人心情舒暢的背景音樂（BGM）。

走進後院的一座體育館似的建築物，兩位少女全神貫注地在彈奏着木琴和鋼琴。優美的背景音樂就是來源於她們倆。我懷念着恩師，請求她們演奏了《厚田村》、《大楠公》、《同志之歌》、《森崎海岸》和《人生的林蔭路》等曲目。她們演奏得很精彩、很深情。後來，她們把當時演奏的曲子錄製成磁帶，寄給了我。

在此四年前，我發表了長詩《母親》。詩的開頭寫道："母親啊，母親！您有多奇異的力量，多麼豐富的力量……"我懷着感謝的心情，歌頌了無名的平民的母親們為我們開闢全人類的幸福這條前所未聞的大道。我以這篇《母親》的詩為基礎，為了便於配上曲子，創作了新的歌詞。[13]

---

13《母親》的歌詞：

　　母 親 啊 / 您 有 着 多 麼 奇 異 的 力 量 / 您 有 着 多 麼 豐 富 的 力 量 / 在 這 個 世 界 上 / 假 如 沒 有 您 / 大 地 將 失 去 歸 宿 / 人 們 將 永 遠 流 浪

　　母 親 ，我 的 母 親 / 您 經 受 過 多 少 風 霜 / 您 祈 求 過 多 少 悲 願 / 但 願 您 身 體 健 康 / 直 到 您 的 願 望 化 為 翅 膀 / 在 天 空 矯 健 地 飛 翔

　　母 親 啊 ，願 您 的 思 想 與 智 慧 / 給 渴 望 春 天 的 地 球 / 奏 起 和 平 的 樂 章 / 那 時 候 / 您 將 是 人 的 世 紀 的 母 親 / 永 遠 活 在 人 們 的 心 上

我拜託那兩位少女為它作曲。

當時，作為作詞人，我向她們提出一個要求，那就是要創作出像《森崎海岸》歌唱回憶故鄉的青春那種感受的曲子。

也許是由於母親年邁體衰，健康狀況不好，我常常不由得回憶起我故鄉的森崎海岸。

在出席緬懷恩師的紀念會時，我小聲說過："母親身體不好，我想盡快回大田的老家去看望她老人家。"這話大概讓兩位少女聽到了。她們帶着這一些感受，為我譜寫了贈給母親們的曲子。

第二段歌詞寫道："母親，我的母親／您經受過多少風霜／您祈求過多少悲願／但願您身體健康／直到您的願望化為翅膀／在天空矯健地飛翔"這也是我對一個月後因衰老而去世的母親的心情。

母親是 1915 年和父親結婚的。她嫁給被附近的人們稱作"倔巴佬"的頑固透頂的父親後，從早上天沒亮一直到深夜，都要為養殖紫菜的家業奔忙。但是，這份家業也因關東大地震而沒落了。母親一直忍受着貧窮。

母親在小小的菜園裏種植蔬菜，自給自足，還自己養雞，做鹹菜、大醬。用自家產的紫菜、小魚和雞蛋等，竭盡全力照顧我們的營養。

戰爭一開始，大哥就去了戰場。後來，其他哥哥也一個接一個地被拉去打仗。最後大哥戰死了。我至今也不能忘記母親那悲傷的面容。

一般的母親都希望孩子能成為了不起的人物，或者升學深造，而我的母親對這些事連想都沒有想過。

從小母親就經常對我說：“不要給別人帶來麻煩！”“不准說謊！”“自己決定做的事，要堅持到底。”

戰後，我上夜校的那段時間，不管回家多晚，母親都一定不睡覺等我，給我煮熱麵條，並像口頭禪似的說：“太辛苦了！太辛苦了！”

我到恩師戶田先生經營的日本正學館工作，開始在大森的公寓裏過單身生活，進行艱苦奮鬥。這時，母親仍然在各方面為我操心，不時地來問：你自己洗衣服行嗎？早飯能好好地吃嗎？等等。

我住的是朝北的一間鋪四張半草蓆的小房間。可以說，是母親的愛使之變成了好像是陽光照耀的朝南的房間。對於這樣的母親，戶田先生經常跟我提到她，並說：“你母親精神真好啊！”

要說母親給我禮物，那就是香煙。不過還添加一句話：“不要抽得過多。”

在母親的晚年，我和妻子即使給她一些零用錢，也許是覺得浪費吧，據說母親不是放到抽屜裏，就是給了孫兒們，很少用到自己身上。我們只好送些水果，表示一點對母親的感謝。

我在恩師戶田先生的身邊受到薰陶，作為一個組織的領導人，每天都要東奔西走，所以騰不出時間像世人所說的那樣去盡孝道。但是，母親對這樣的我打心底理解和支持。

在母親去世的前一年春天，在櫻花盛開的富士山腳下，我見到闊別的母親。我悄悄地在母親的胸前插上一枝櫻花。這時，滿頭白髮的母親綻開了滿臉的笑紋，露出很是滿足的樣子。我想起了少年時代家中的一株櫻花樹和母親辛勞的身影。

分別的時候，我背起母親走在坡道上。這也許是想盡一點點孝心吧。我是無意識地背起母親的。母親的個子矮小，但我的背上還是感受到母親的重量，甚至不由自主地哼着說："嗯……好重好重！"那也是慈愛的重量。日蓮大聖人談到對母親的慈愛之恩說："母親之恩，滲入肺腑，感到特別珍貴。"（《日蓮大聖人御書全集》創價學會版第1398頁）

聽到《母親》這首歌曲，就想起那些孜孜不倦地締造了今天的創價學會的無名的母親們。我的平凡的、默默地頑強生活的母親"一"，也是這些偉大的母親們中的一員。

《母親》這首歌曲的第一段中唱道："在這個世界上，假如沒有您，大地將失去歸宿，人們將永遠流浪。"這是我出自內心的實際感受。


## ❖ 與甘地總理的夫人索尼亞女士的相遇

1992 年 2 月，也是由於以前有過約定的緣故，我去了印度已故總理拉吉夫・甘地先生的私邸，弔慰了索尼亞夫人。那時離總理被兇手槍殺已九個月了。在此八年前，婆婆英迪拉・甘地總理也遭到暗殺，並在索尼亞女士的懷中停止了呼吸。出生於意大利的索尼亞女士，靜靜地忍受着悲痛。

我根據我的立場，盡最大的努力送給夫人一些鼓勵的話語：

"母親是太陽。太陽發出光輝才是太陽。"

"經受最大悲痛的人，將會是最光輝燦爛的人。"

"希望您前進、前進、再前進！不要回頭！"

"佛法教導要重視'現當二世'（現在與未來 —— 編輯註）。一切都是'從現在開始'，甚麼時候都是'從現在開始'。"

接着我送給她一個錄有《母親》樂曲的八音盒。據説索尼亞女士每天都聽這個八音盒。

1994 年的秋天，她特地從印度趕來參加在東京富士美術館舉辦的"阿育王、甘地、尼赫魯展"的開幕式。

印度首任總理尼赫魯先生相當於索尼亞女士的祖父。他曾經穿着印度的民族服裝到世界各地推展和平外交。從祖父的民族服裝中，索尼亞女士親自挑選了四件最適合作遺物的長褂、帽子、外衣、睡褲，以及其他貴重的遺物帶到了日本。

我們重逢時，索尼亞女士跟我說：

"您以前在印度送我的八音盒，我非常喜歡，每天都聽。我女兒普莉揚卡都知道，不聽的時候，就感到寂寞。"

她還說，因為每天都聽有《母親》樂曲的八音盒，"結果給聽壞了，能不能幫我修一修？"我說有新的。她說還是希望能修好這個帶有她的回憶的八音盒。

在會見菲律賓的阿基諾總統（當時）時，我也贈送了她一個錄有《母親》樂曲的八音盒。

她克服了丈夫貝利格諾先生殉難的悲痛，與權力對峙，無所畏懼，站在民眾的最前列。她的形象是高尚的，甚至是崇高的。那是一個堅強的母親的形象吧。聽說阿基諾女士也非常喜歡聽這個樂曲。

據說，有名的小號吹奏家、意大利的尼尼羅索先生，也把《母親》的樂曲錄進自己的作品集，受到眾多樂迷的喜愛。

中國北京大學教授、現在日本的大學執教的卞立強先生，曾把記載我前半生的《我的履歷書》翻譯成中文。卞教授也翻譯了《母親》這首歌，並由其夫人陳麗卿女士用優美的女高音演唱。陳女士曾作為中國著名的歌手在世界各地公演過，四年前在日本也舉辦了音樂會。

在音樂會的最後，她在演唱前說：「現在我要唱一支我最喜歡的歌。讓我懷着對八十多歲在中國健康地生活着的我的母親的感謝之情，對日本的母親們的感謝之情，來唱這支歌。」

《母親》的歌曲不僅被日本，也被世界的人們所喜愛。這令我無比欣喜。

為我創作《母親》的曲子的兩位少女，現在也都當上了母親，作為神奈川、東京的婦女領導的成員，正在努力奮鬥。我想念那些無名的尊貴的母親們，早晚都在為她們祈禱。祝願她們精力充沛，身體健康。我要告訴她們，即使有悲傷的時刻，喜悅的時候也總會到來。

# 世界和平日

　　1976 年，我們學會把 10 月 2 日定為 "世界和平日"。
這一年，學會為了給運動的發展刻上階段，將其歷史和傳
統留傳給後世，決定設定一些紀念日。

　　如 4 月 20 日的《聖教新聞》創刊紀念日、戶田先生就
任第二任會長和我就任會長的 5 月 3 日的 "創價學會日"，
以及 11 月 18 日的創立紀念日等。10 月 2 日的世界和平
日，是我 1960 年首次奔赴海外的日子。

　　SGI（國際創價學會）在關島創立以來已經一年有餘。
在以佛法為基調的和平、文化、教育運動日益向世界推進
的時刻，設定這個紀念日是適時的。

　　"知天時"、"懂人心" —— 這是作為領導者不可欠缺
的資質。要把一個運動深入地持久地開展下去，要賦予
運動以準確的節奏。對於準確地了解人們和時代在要求甚
麼，以及如何制定運動的節奏，領導人要付出人所不知的
辛勞。

　　在設定這個紀念日的第二年 —— 1977 年 10 月 2 日，
在全國舉辦了慶祝第一個 "世界和平日" 的活動。當時我正

去關西，在那裏參加了紀念大會。我回顧了真正走向世界的"出發之旅"，如實地講述了自己的心情。

我講的第一點是，我的一切行動，都只能歸結於恩師戶田先生的遺言。不論甚麼時候，不論甚麼樣的旅程中，我在心中都能聽到恩師的聲音。那聲音是恩師去世前，擔心我的健康而發出的嚴愛的喊叫："要活下去！拚命地活下去！而且要走向世界！"

恩師好似預見到佛法流布的遙遠的未來的種種情況。每當有事，他總是對我們說："真正的舞台是世界啊！"受到這聲音的鼓舞，我不斷地踏上旅程。


❖ 人與人之間的紐帶是一切的大地

在關西的大會上，我講的第二點是，為了會員，無論如何都要盡力開展活動。對於哪怕只見過一面的人，也要始終真心相待，不惜任何勞苦。以這樣人與人之間的紐帶為大地，走向世界的一切運動才能綻開了花朵。不管別人怎麼說，學會一向都重視"每一個人"。正因為如此，學會才有了今天。

最初的旅程，日程像一次強行軍。24 天內訪問了 3 個國家、9 個城市。其間會見的人們不可勝數，當中情況，我已詳細地寫在小說《新·人間革命》裏。

關於這部小説，印度的甘地紀念館館長拉達克里希南先生這樣寫道：

"1960 年，一個青年為向世界廣布佛法而進行的雄壯的旅程，是現代史上一件劃時代的重要的大事。……書中到處都可看到山本青年作為優秀的領導人的資質。他是一個能像親人般傾聽他人説話的親切的人，是一個偉大的組織者，是一個為了指導而不惜勞苦的教師，是值得愛戴的父親。而且他認為，不論任何歧視，都是對人的尊嚴的否定。……他總是想着平民，經常傾聽同志的苦惱。他具有深刻的洞察力，看透人的各種問題的本質。他始終非常耐心地聽別人説話，並給人提出具體的建議。"

這裏盡説我自己，真不好意思。不過，正如拉達克里希南館長所洞察的那樣，走向世界的旅程，確實是在平民羣眾中與人們交談。

在關西的大會結束時，我呼籲説：

"我的願望是世界各地的會員一個都不落後，都能幸福。初次海外旅程見到的朋友們幾乎全都健在，都在為自己國家的和平與繁榮努力奮鬥。我絕不會忘記這些朋友們。"

確實是這樣，靜靜地一閉上眼睛，初次的和平之旅見到的那些令人懷念的朋友都在衝着我微笑。

在俯瞰着舊金山灣的泰利格拉夫山丘上，哥倫布的塑像眺望着遠處的太平洋，身上的斗篷好似在飄動飛揚。第一次旅程時，我訪問了這裏，和同行的朋友們拍了紀念照片。據說自那以後，當地的會員們每年都在同一天到泰利格拉夫山丘來聚會，舉行紀念活動，立下新的誓願。

20年後，我再次訪問泰利格拉夫山丘，參加了分成八組進行的紀念拍照。會員竟增加了這麼多。最後，和初次訪問以來一直在堅持奮鬥的五名會員一起合了影。熱烈、響亮的掌聲持久不停。我很高興，最高興的是草創時期的朋友依然健在。

在關西這片土地上迎接值得紀念的第一個"世界和平日"，也有着深刻的意義。關西是形成學會發展源流的地方，是我年輕時與同志們一起用汗水和淚水締造的一大根據地。如果説是"地盤"，也許有些語病。但可以説，關西是我賴以立足的"基礎"。正如"常勝（關西）"這個名稱所表明的那樣，這裏也可以説是我的人生的出發點。

我呼籲關西的朋友們要支援世界各地的朋友們。在我發出呼籲後，關西向各國派出了交流團，也接待了世界各地的許多朋友。"KANSAI（關西）"這個詞，現在已成為世界的共同語，成為爭取人生勝利的口號。

而且，關西出身的和田SGI理事長作為世界各地朋友的好顧問，縱橫馳騁，積極活躍，也成為關西的驕傲。

總之，自第一個"世界和平日"以來，每過一個 10 月 2 日，不只是日本，世界各地的會員們都在運動的未來展望中，緊緊地注視着和平，並大力進行了踏踏實實的激勵朋友的工作。民眾的由民眾自己來爭取和平的網絡，就這樣一點一點地構築起來。

## ❖ 祈求 —— 只有人才有的崇高的行為

SGI 推展的運動現在果然更加多種多樣了。僅就擁護聯合國的運動來說，美國 SGI 的和平研究機構 —— 波士頓 21 世紀中心就多次召開"聯合國復興會議"，呼籲世界市民的全球合作。

1995 年 10 月，為了慶祝聯合國成立 50 週年，在遭受過原子彈轟炸的廣島，舉辦了有海外 57 個國家和地區的朋友參加的世界青年和平文化節。聯合國秘書長加利先生（當時）發來了賀詞。

大約 20 年前，我曾與法國以行動的文化人而聞名的安德烈·馬爾羅先生在巴黎郊外他的家中舉行過會談。當時，話題一談到聯合國，馬爾羅先生就以他那獨特的辛辣的口吻批判說："聯合國是亡靈的舞台。"不過，在他的激烈的言詞的背後，反而讓人感到他對聯合國的期待。時光流逝，東西方冷戰結束，聯合國實際上已不得不作為唯一的統合人類的機構在發揮其作用。現在，除了擁護聯合國之外，沒有其他通往和平的道路。這不已經是很明白的事實嗎？

我們的"世界和平日"，也是祈求和平的日子。一提到祈求，日本人往往作否定的理解。儘管在日常的生活中頻繁地使用"祈求實現"、"以祈求的心情"之類的話，但祈求這一行為本身有時卻被輕視和忘卻，甚至令人感到在日常生活中已成為一個廢詞。

但是，祈求本來是發自人的內心的一種極其自然的行為，是只有人才會有的崇高的行為。關懷、憐愛他人時，就會自然地產生祈求。不，有了祈求，人的真情才會發出光彩。在劇烈的動搖的生命中，能夠自己引發人本來具有的善性的，也一定是祈求。造成殺伐、荒涼的社會的原因之一，也是由於欠缺為他人的祈求。如果從一個側面來理解學會的運動，那就是它把祈求當作日常的行動，當作行動的活力。

七年前，我和聯合國教科文組織總幹事馬約爾先生進行了會談。我一直衷心期待着這次會談。因為我們遭受過戰爭折磨的日本人，在戰後所知道的話語中，沒有像下面教科文組織憲章開頭的那一段話更能讓我們感同身受了。

"戰爭是從人的心中產生。因此，必須要在人的心中構築和平的堡壘。"

總幹事很了解我們的運動。他說："SGI 的運動和教科文組織的設立目的是一致的。要爭取持久和平，還有許多課題。要解決這些課題，必須從人的'心的變革'開始。"

對於作為非政府組織（NGO）擁護聯合國的活動，馬約爾先生表示了贊同。同時強調說教科文組織的理想是"在人的心中構築和平"。SGI 的運動，就是用祈求這種認真的行動，一步一步地推進這項"在人的心中構築和平的堡壘"的工作。

而且，我們的"世界和平日"，是把往往被抽象的對和平的願望，定位為應該由自己來祈求，由自己來努力解決的現實課題的日子。人們會發現這有着重大的意義。人們用祈求團結起來，儘管不起眼，但用自己的行為，向周圍的人們認真地提出一個問題。即自己能夠做到的爭取和平的實踐是甚麼。而且這個日子現在已經牢固地為世界 128 個國家和地區的幾百萬人所共有。

有識之士以下的觀點是準確恰當的：

"創價學會的超越國家和文化、聯結人與人心靈的挑戰，作為旨在成為普遍性的世界宗教的運動，可以說是非常有意義的運動。宗教和國家主義的結合，會帶來不幸的結果。……我認為，想要超越國家的界限、構築世界精神的宗教運動，是很有意思的，是值得稱讚的。"

　　1995 年 10 月，繼在廣島舉行的世界青年和平文化節之後，在阪神、淡路大地震的災區神戶召開了 SGI 總會。會上通過了 SGI 決議，並制定了憲章。決議號召會員們要做好各自的國家、社會的好市民，為社會的繁榮作出貢獻。

　　在這裏明確了我們今後前進的道路是，以生命的尊嚴這一佛法的本義為基調，爭取為全人類的和平、文化、教育作貢獻。

　　遙望喜馬拉雅山漆黑的山容，眼下海拔 1300 米的盆地好似閃閃發光的寶石盒。1995 年 10 月末對尼泊爾的訪問，是我初次訪問外國以來的第 51 個國家。在飛機上，從喜馬拉雅群山上抬眼望着天空，我的心中再次聽到了戶田先生的聲音：

　　"你要走向世界！"
　　"實現人類的幸福和和平，這才是佛法的本義。"

　　如今獨自回首往事。我覺得，是因為對自己的健康沒有信心，才珍惜有限的生命的時間，完成應該完成的事情。不，是自己給自己賦加了必須要完成的任務，到今天為止，一直在拚命地前進，再前進。我沒有一天不在為會員工作，沒有一天不在祈求他們的幸福。近來，我深切地體會到，信仰的功德是如此之大。我再次發下誓願，要終生在驚濤駭浪中渡過。

# 牧口常三郎先生逝世 33 週年忌辰

1995 年 10 月 17 日在神戶召開的第 20 次 SGI（國際創價學會）總會，有來自世界 57 個國家和地區的約千名朋友參加。

以前發生在阪神、淡路的大地震，在人們的心靈和生活中留下的創痕依然很深。

但是，海外的會員們抓緊時間給神戶的朋友們送來了熱情的鼓勵。為了回應這一片真心，關西的朋友立下新的誓言，要力爭復興。那裏有着"無限希望"之光，有着"心靈彩虹"之環。

從那次 SGI 總會如同一幅繪畫般的聯歡的情景，我確實聽到了"世界市民"的脈動。

會員們把他人的痛苦當作自己的痛苦，共同交談明天的希望的身影，不知不覺地與首任會長牧口常三郎先生的身影重疊到一起了。

1923 年 9 月 1 日發生了關東大地震。當時牧口先生擔任校長的東京芝白金小學遭受的損害並不大，但周圍受災的學校卻很多。當時信息網和救援體制也沒有現在這樣完備。先生立即向孩子提議："給受災的兒童捐點甚麼，一雙木屐也可以。"據說孩子們響應號召，拿來的物品一下子就在校園裏堆積如山。

這是說明牧口先生慈愛的一件軼事。可是，據說當局卻責備先生這樣是獨斷獨行。

本來應該是當局自己率先去做的事，一個校長自行去做了，當局不但不應責備，恐怕反而應當為自己的無知無能而感到羞恥。在這樣的是非顛倒中，據說先生還是默默地親自把救援物資送到災民的手中。

這樣的牧口先生所開拓的道路，是"為最受苦的人們效力"的信念和行動的"創價之路"。我感到高興的是，現在有幾百萬世界各地的朋友繼承了先生的精神，繼續走在這條道路上。

我想，從先生的年歲來看，SGI 的這些會員們相當於他的"曾孫"、"玄孫"。如果能看到他們朝氣蓬勃的精神面貌，先生該是多麼高興啊！

1976 年 11 月 18 日是牧口先生逝世 33 週年忌辰。我是在關西迎來這個紀念的日子，在關西戶田紀念講堂肅穆地舉辦了 33 週年忌辰的法事。

在這前一天，我在大阪豐中的關西牧口紀念館（當時），招待了牧口家的家人，和他們一起吃了一頓便飯。

我告訴他們，前一年在溫暖的鹿兒島的霧島建造了牧口紀念館，在伊豆開設了牧口園，向牧口先生的學校，新潟的荒濱小學贈送圖書，作為“牧口常三郎文庫”供大家閱讀。他們聽了都從心裏感到高興。

恩師戶田先生對牧口先生的夫人的關心自不用說，對先生唯一的孫女洋子女士和牧口家其他家人也都真心地掛念，加以保護。我的恩師把這當作為人理所當然的行為。牧口先生的家人支持過他的世間罕有的老師，所以戶田先生把謀求他們的安泰看作是嫡傳弟子自豪的使命。因此，我作為牧口先生的徒孫也是同樣。對我來說，牧口、戶田兩家的繁榮是最大的喜悅。

在座談會上，和泉、辻兩位副會長（當時）等牧口先生的弟子們，談了先生在世時的情況。他們描述說：先生蓄着唇髭，總是穿着和服禮服，為人謹嚴耿直，但是一笑起來，就像一個好老爺子，散發出溫暖的人情味……

我沒有直接瞻仰過牧口先生，只能感慨頗深地聽着這些回憶的談話，同時不禁懷念起恩師。


❖ **創辦創價大學是師生共同的誓願**


談到牧口先生時，恩師總是流露出極其自豪和深深的敬畏之念，而且面容非常嚴峻。

特別是想起先生在獄中逝世，恩師有時甚至眼泛淚花，激烈憤慨。

　　恩師是一位剛毅的老師。他具有明治人優良的骨氣，在任何意義上都不允許懦弱，從沒有悲傷失意。但是，一提到以違反治安和不敬罪的嫌疑而被捕的牧口先生的獄死，戶田先生就像變了另一個人似的。

　　國家權力的鎮壓，迎合推進戰爭的國家權力的宗門對提倡反對戰爭的學會的背叛，以及害怕受牽連而離開老師身邊的人的卑劣——恩師越說越思念，越發抑制不住從心底湧上來的憤怒。

　　我不能忘記的是 1950 年 11 月牧口先生逝世七週年忌辰前後那段日子。當時戶田先生的事業已經陷入一籌莫展的緊迫境地。

　　先生終於在七週年法會後的創價學會第五屆總會上被迫辭去了理事長的職務。但恩師甚至發誓"願改名為'基度山伯爵'來為牧口先生報仇"。當時切齒扼腕的心情，旁人一定是難以想像的。

　　在那僅僅四天後，恩師和我就為打開局面而每天都在奮鬥，為了吃頓中午飯，我們走進了神田駿河台的日本大學的學生食堂。大學的食堂首先是便宜。那時我們連在外面吃頓飯也感拮据了。

　　但是，當我們在擁擠的學生們中間穿行，找到位子坐下後，恩師卻不倦地談起對未來的展望。他一邊談着牧口先生懷有的"建設大學"的構想，一邊聲音激昂地對着 22 歲的我說：

"要建立大學，建立創價大學，如果我這一代做不到，大作，你來建立。"

那時確實是正處在生死存亡的攻防戰之中。恩師連理事長的職務也辭去了，在旁人的眼中看來，他也許是已被逼入窮途末路的一名敗將。就在這樣的漩渦之中，戶田先生對於如何實現老師的構想的思索，仍然一刻也沒有停止過。

由佛法聯結在一起的師生關係，是多麼尊貴堅韌的紐帶啊！

牧口先生的靈魂真的超越了生死而與戶田先生同在了——我感到像被雷擊了似的。

對於戶田先生來說，只有牧口先生。對我來說，同樣也只有戶田先生。要在這世上實現恩師的"心願"，唯有這一點至今仍是我的一切，是我最高最大的驕傲。那麼，我無論如何也要實現牧口先生，也即是戶田先生的構想——恩師的一句話，從那一瞬間開始就已經成了我自己的誓言。創價大學也就是按照這個誓言建立起來的。

正是以宣揚老師為終生誓願的戶田先生，1953 年為配合牧口先生逝世 10 週年的忌辰，如他一向宣告的那樣，重新出版了牧口先生的名著《價值論》(是一種獨創性的價值體系，主張利善美的創造是人生的目的，以代替歷來哲學界主流的真善美的價值內容。——編輯註)。當時恩師特別高興。

關於這部《價值論》，我也有深刻的記憶。那是第二年1月的某一天，我去拜訪戶田先生，先生對我說："請你把這本書送到柳田國男[14]先生那裏去。"

柳田先生是以《遠野物語》、《山的人生》等為數眾多的著作而廣為人知、享有盛名的民俗學家。他和牧口先生，以及現在發行的五千日元鈔票上印有其肖像的新渡戶稻造[15]先生，都是明治時期地理學家的研究團體"鄉土會"的有影響力的會員。柳田先生不僅為牧口先生的著作《創價教育學體系》(探索研究創造利善美價值的人本教育方式的實踐性教育學術書。出版的1930年11月18日，是創價學會的前身創價教育學會的創立日。——編輯註)寫了《獻言》，還在初創時期的創價教育學會裏擔任過顧問。

我立即拜訪了柳田先生在世田谷區成城的家。但不湊

14 柳田國男(1875~1962)，日本民俗學會首任會長。作為日本民俗學的創始人而著名，歷任國際聯盟常設委任統治委員(1921~1923)等聯務。專心研究民俗學，著有《遠野物語》等著作130多部。

15 新渡戶稻造(1862~1933)，農政學家、教育家。著有《農學本道》、《武士道》等著作。1920年至1926年擔任國際聯盟事務局副局長後，懷着"為太平洋架橋"的氣概，為修復日美關係而努力。其間，因有反軍部的言論，受到官憲的壓力。

巧先生不在家。

我只好拜託了他的家人，回來向戶田先生報告了情況。恩師只說了一句"是嗎"，就一言不發地注視着我？……

其實戰前牧口先生就曾經向柳田先生講說過日蓮大聖人的佛法。據說有一次兩人徹夜進行了論戰。

碩學與碩學之間到底進行過甚麼樣的對話，現在已無人知道。總之，柳田先生沒有叩過佛法的大門。

牧口先生逝世已經 10 年，戶田先生把先師的遺著贈給柳田先生，一定是要他銘記先師為之付出生命的學會的真實和要繼承先師旗幟的弟子的一片赤誠。

另外，命我擔當使者的任務，這恐怕是向我表示，甚麼是始終宣揚老師偉業的弟子之道。總之，我絕不忘記恩師那凜然的目光。

那是一個被罵為"國賊"、被橫暴的權力殺害的先覺者的靈魂。簡要地說，狹窄的一個日本國範圍內，是很難容納得下牧口先生的偉大的。

其證明是，不僅是作為宗教家，而且作為富有獨創性的教育學家、思想家的牧口先生的先見，現在全世界都在稱讚。

迄今為止，他的大作《創價教育學體系》已被翻譯成英語、葡萄牙語、越南語出版。在巴西聖保羅的有名的小學裏，正根據創價教育學進行示範教學。在巴西最著名教育先進城市庫里蒂巴市，開設了宏大的"牧口常三郎公園"。

戶田先生經常說："牧口先生的偉大需經過三五十年才會被人們了解。"確實如此，先生的偉大歷時越久，越增加光輝。今後一定會有更多的人了解、感嘆牧口先生巨大的足跡。


## ❖ 表彰先師的遺德
### —— 50 週年忌辰落成的東京牧口紀念會館

1993 年 10 月，牧口先生逝世 50 週年忌辰時，壯麗的東京牧口紀念會館在八王子落成。

第二年——1994 年 5 月，迎來了我曾經訪問過的美國人權保護團體"西蒙·威森塔爾中心"的庫柏副會長一行。他們參觀了紀念會館後，露出感到有點意外的表情。

或許他們想像的是日本傳統的神社佛閣的樣子吧。集中了現代建築技術的精華、規模和室內裝修都非常宏偉的紀念會館，按以往的宗教建築的樣式來理解，那是難以解釋的。——可以看出，他們有某種這樣的困惑。

於是我說："牧口先生是在三張草蓆大的陰暗的灰色的牢房裏去世的。所以，我決心要建造一座宏偉明亮的和平的宮殿，來表彰先生偉大的一生。"

長達數千年無緣無故的迫害的風暴 —— 有人說第二次世界大戰的大屠殺的犧牲者多達六百萬人，這一行人就是在那場風暴中倖存下來的"不屈人民"猶太人。

他們立即理解了我的心意。當場贈給我一份該中心的"決議書"。上面這樣寫道：

"贈給牧口常三郎首任會長特別讚詞。先生早就意識到，自己的死會激勵人們為和平與尊嚴的人生而生活。他活在人們的心中，是一個偉大的人物。通過對他的回憶，已結成一條'永遠團結'的紐帶。"

"世界"在注視着牧口先生遺留的道路。而且"人類"正寄予期待。

那麼，不斷培養與作為和平鬥士堅定生活的"創價之父"具有同樣精神的"小獅子"，就是對先生最大的報恩。我早就這樣下定了決心。我作為嫡系弟子的工作，就是"更加努力"、"從現在開始"。

放置在紀念會館五樓大廳裏牧口先生的座像，現在仍在親切地注視着從世界各地聚集而來的朋友們。

我在牧口先生的頌德碑上這樣寫道：

"在眺望留有先師魂魄的創價大學，及其校舍林立之地，為永遠表彰、繼承具有獅王之心之先師遺德，建造東京牧口紀念會館。"

二

人的廣場

（1977～1979）

# 與關西深厚的緣分

我去過關西三次，分別是 1977 年的 1 月、5 月和 6 月。

以前，我第一次訪問大阪是 1952 年 8 月 14 日。這一天，我跨過淀川的鐵橋，在大阪留下第一步的腳印。這恰好是我與恩師戶田城聖先生在這個世上命中注定似的相遇之後第五個年頭的日子。

和往常一樣，這次的關西之行，既是領受戶田先生的心意，也是我自身強烈的志願。

戶田先生首先在東京打下了弘揚佛法的基礎，接着一直在考慮在關西樹立弘揚佛法和弘揚學會的支柱。這樣的構想我也曾向恩師建議過。

戶田先生自己也在他 18 歲時的日記中寫到希望飛翔世界的大志："應當把據點放在阪神。"看來他早就把據點定在關西。今天日本第一個 24 小時不間斷航班的機場已經通航，關西已成為通向世界的大門。想到這些，深為恩師十幾歲時的遠見卓識所感動。

戶田先生派我去關西參加大鬥爭時對我說："在關西寫下你青春的歷史吧！"截至 1996 年 3 月，我訪問我熱愛的關西的次數整整 250 次。

雖說是個人私事，但我開始往來於關西時，對我的人生來說，也是一個很嚴峻的時期。當時我在戶田先生經營的公司的第一線上，為打開該公司的困境拚命地工作。在學會的組織裏，我擔任文京支部的支部長代理、青年部的室長和學會本部的涉外部長，同時又新加入了關西的陣營。

那時不像現在，還沒有新幹線。在東京和關西之間往返，要坐很長時間的火車。當時東京與大阪之間坐特快列車要八個多小時。我總是坐三等列車。

冬天的嚴寒，再加上長途旅程的疲勞，我左胸部感到神經痛。我的身體離壯健還相差很遠，每天都感到很累，而且還要參加大阪的激烈鬥爭，實際上已超過了身體的負荷。回東京時大多乘坐晚上 10 時的夜行列車"月光"號。

戶田先生經常擔心我，跟我說：

"你還年輕，要堅定地活下來，不能死，要和死神作鬥爭。"


### ❖ 自立的平民的城市

1956 年——這一年我有了更加深刻的感受。1 月 4 日嚴寒的早晨，上午 9 時我坐東京開出的特快列車"燕子"號趕赴大阪。

我當時是不顧發着低燒出發的。這是一次約八小時的火車之旅。大阪從早晨就一直下着冷雨，關西本部籠罩在一片霧色中。三樓的佛堂裏沒有一件取暖設備。

室內的氣溫和戶外冬天的空氣同樣寒冷。真是刺骨的冰冷啊！

我向着寫有“大法興隆所願成就”（希望佛法興隆能如願以償的意思。——編輯註）的關西本部的御本尊祈求，希望關西佛法興隆，人們能如願以償，關西能成為充滿幸福和平安的地方。

在 1956 年的這一天及以後的日記中，我這樣寫道：

“1 月 4 日，乘早上 9 時發出的特快‘燕子’號去大阪；5 日，乘 10 時的夜行列車‘月光’號，一人寂寞地回東京。車中思索‘本有無作’（佛教用語，意思是未作修飾的原本的佛。——編輯註）。”

“1 月 6 日，乘夜行列車到達東京。……大概已過了 9 時半。途中臨時停車很多次，故坐了 11 個小時之久。”

“1 月 17 日，早晨的東京車站，香峯子（妻子）單身一人來接。身心都極疲憊。”

一天移動了 250 公里到 300 公里的距離。我滿懷着祈求的心情行動着。當時我 28 歲，雖說年輕，但我體弱多病，因此這對於我而言，還是一場激烈的挑戰。結束了一天活動的深夜，身體已經疲憊不堪。但腦海中還是浮現出當天見到的人們的面影，我給他們寫了明信片或信。

一字一句中都注入了我的靈魂，繼續着深夜的交流。我發誓要成為煩惱的人、悲傷的人的朋友。有一次，我贈給一位青年這樣一句話："願你能盡情地伸展金色的翅膀……"

說到"金色的翅膀"，我回想起在這 38 年後，意大利的年輕人為我們演唱威爾第（1813~1901）創作的歌劇《納布科》中有名的合唱歌曲。其中就唱道："去吧，我的思想，乘上金色的翅膀。"那是 1994 年的春天，在意大利米蘭的利里克劇場舉辦世界青年和平文化節時，意大利的合唱團在最後的節目中為我們演唱了這首爭取獨立、革命、自由的歌曲。

據說這是苦於奧地利暴政的意大利人，為爭取獨立和自由而愛唱的一首有名的歌。喜愛這首歌的人們憂思深刻而強烈。威爾第根據公元前 6 世紀巴比倫捕捉囚禁猶太人的史實，懷着爭取祖國意大利的自由與獨立的思想，創作了這支樂曲。

祖國遭到大國巴比倫王國的侵略的猶太人，背井離鄉，作為囚虜被捕捉到首都巴比倫。在暴君納布科，即新巴比倫國王尼布甲尼撒二世殘暴的統治下，這些囚虜們痛苦不堪，大概是在結束了一天的勞動之後，拖着疲憊至極的身子，站在幼發拉底河畔，大家都在思念故鄉，發誓、祈禱要從暴政下解放出來。後來驅使威爾第寫這部歌劇的正是這一主題。

大阪的平民覺醒運動，我認為也可以說是精神解放的鬥爭。創價學會的運動，受到自立的平民的草根力量的支持，絕不向權力低頭。

在日本的封建時代的變遷中，以及明治以後，大阪一直是平民的城市，充滿着與權力對峙的氣氛。大阪現在還是平民的城市，這和創價的精神相呼應。

不向任何勢力屈服的不屈的偉大的鬥爭精神，是學會的精神，是關西之魂。不歧視任何人的平等的精神，正是佛法的本來的精神。

我祈求、奔走、談話，"江戶佬"（東京人）的我加入進了講明快的關西方言的圈子裏，說起了關西方言。

我突然說起關西方言，引起大家明朗的哄堂大笑，接着就用地道的關西方言跟我搭話。每天晚上在大阪、堺等地區召開的座談會多達數百場。

也有不少人反感，他們由於認識錯誤，給我們加上"暴力宗教"的帽子。但是，關西的學會會員們是樂天的、愉快的，而且勇敢無畏。

他們跟朋友、熟人打招呼說："你也來參加一次我們的'暴力宗教'的座談會吧！"人們在座談會上了解到學會的真實情況，都說：“和謠傳根本不一樣，正好相反嘛！”於是參加了學會的運動。

不矯揉造作的開放的心胸，無法形容的人情味，不擺架子，和睦融洽，挑戰的勁頭，從不服輸的氣概——關西確實是平民的都市。

我向大家呼籲：“人生如夢。讓我們每天都為永遠的幸福而奮鬥吧！堅定地站起來吧！把‘前進！再前進’作為我們的口號，堅定地爭取本月的活動勝利吧！”

在這個時期，我也在日記中坦率地寫道：“有時頭暈目眩。”

我的經歷，對於那些離開父母身邊、艱苦奮鬥的青年，是很重要的。我跟他們說，我也曾同樣住過公寓，連枕頭都沒，捲起報紙當枕頭，蓋着又薄又硬的被子睡覺。我鼓勵他們說，你們也和我一樣，要為將來能生存下去努力奮鬥。現在的鬥爭不就是真正的佛法修行嗎？你呀，要把一生當作好似一幕戲劇。

大阪古稱“難波”，據說也有迎接太陽的地方的意思。

有一天清晨，我獨自步出關西本部的大門。朝陽正在升起，清晨的太陽無比清爽。我出聲跟自己說：“好，幹吧！”

我進入室內，在道林紙上用墨寫了“電光石火”（敏捷迅速的意思，相當於成語“風馳電掣”。——譯者註）四個大字，這是我每天下的決心。事實上我也是這麼行動的。

在東京時我仍然繼續保持與大阪的朋友們的交流。當時我住在東京大田區小林町。關西有的同志經常從大阪乘坐頭天晚上的夜行列車，早上 6 時左右到達東京車站，接着 7 時左右直接來到我家。看樣子大概還沒有吃早飯。我說："啊呀，來得正好，一起吃早飯吧！沒有甚麼好吃的。"於是一面吃早飯，一面商談工作。這種情景也令我十分懷念。

從那以後過了近 20 年了吧。我訪問關西的創價學園時去了四條畷市。那裏有參天的大樹。據說過去南北朝時，這裏曾是楠木正成的兒子正行與足利軍隊打仗的戰場。已經是深夜了，我想起年輕時附近一位曾經並肩奮鬥過的老婆婆。正和同行的會員們談着"老婆婆怎麼樣了"、"身體還好吧"之類的話時，那位老婆婆只穿着一隻木屐飛奔過來了……

在關西，到處都有我懷念的人們。我至今仍然無比珍視和這些人之間結成的緊密紐帶。

我和關西之間的紐帶，並不是和已經成長壯大起來的關西的組織之間的紐帶。它是我和關西各地令人懷念的朋友們通過交流而結成的，是作為和他們每個人之間結成紐帶的結果，而形成了與被人們稱為"常勝關西"之間的紐帶。這是我的驕傲，是我的喜悅。

# ❖ 雄心壯志的故鄉

1956 年 5 月，大阪支部在弘揚佛法的歷史上，創建了一座燦爛輝煌的不朽的金字塔——誕生了 11111 戶新會員。

第二年——1957 年，發生了所謂的"大阪事件"，我以違反公職選舉法這一莫須有的嫌疑，被非法地逮捕了。這是我在大阪留下第一步腳印後的第五年。審判鬥爭開始了。在大阪事件中，我也得到了關西的朋友們的關照。這當然是一次與權力的鬥爭。五年後的 1962 年 5 月 3 日，我懷着淡漠的心情，在一張厚紙箋的背後這樣寫道：

"大阪事件

一審

昭和 32 年 10 月 18 日

最終陳述

昭和 36 年 12 月 16 日

判決　無罪

昭和 37 年 1 月 25 日

歷時四年半、多達八十四次的權力非法的鎮壓

昭和 37 年 5 月 3 日記

對眾多尊貴友人為我盡力的真心，表示衷心感謝

永遠不忘……這些人們的名字

大作"

在關西這片土地上，從我年輕時期起，就這樣同一個又一個人進行真心的對話，加深友誼，並肩鬥爭，分享喜悅。青春時代自不必説，直到今天，關西仍是我付出一生的雄心壯志的故鄉。

看到今天常勝關西繁榮盛大的情景，我禁不住喜上心頭。現在"關西精神"在世界的 SGI（國際創價學會）的 128 個國家和地區已經深入人心。

關西已真正成為了"世界的關西"。也可以説，"Kansai"這個詞已成了全球語。

關西魂已在全世界燃起熊熊的火焰。

關西可以説是學會的心臟。

關西是我豁出生命的地區。

我熱愛關西！

# 月亮的心願

　　那是一個中秋月明的夜晚。在清爽的秋風吹拂中，孩子們一邊吃月見糰子，一邊眺望着掛在夜空中的圓月亮。然後擺着各自隨意的姿勢，傾聽了我作的詩 ——《月亮的心願》的朗誦。

　　1977 年 9 月 27 日，一輪明月皎皎生輝。附近鄰居家的孩子們，來到東京信濃町的創價文化會館屋項上的"白金庭院"玩耍。一個小小的賞月會開始了。男孩女孩們的眼睛都亮晶晶的。

> 靜靜的靜靜的天空
> 一輪明月靜靜地靜靜地露出面龐
> 對大家說
> 擁有寬廣的心胸吧
> 擁有燦爛的笑臉吧

　　這是《月亮》詩開頭的幾句。鼓笛部長（當時）野田順子女士曾為這首詩譜寫了優美的曲子。

為甚麼要寫這首詩呢？詩是興之所至而產生的。要問為甚麼就有點兒奇怪了。

不過，也有這樣的原因。東京的杉並建造了一座新的文化會館。有人説，在迎接第一個中秋明月的時候，希望開一個賞月的懇談會。自草創時期以來，杉並的朋友們每天都在不停地進行拚搏奮鬥。現在忙中偷閒，和他們在明月下談談心，也是一件有意義的事。於是就進行了準備。

可是，遺憾的是，那天剛好有事，不能去杉並。因此就和學會本部附近的孩子們，在明月下作了短時間的交談。

在此前兩天，我出席了少年部（由小學生組成）成立12週年紀念集會，鼓勵了這些來自未來的使者們。呼籲他們要懷着向自己挑戰的勇氣，茁壯地成長。

不論是現在還是過去，我祈願孩子們健康成長的心情從來沒有改變過。今後也將一樣。不過，當時也是我能為這些來自未來的使者們安排更多時間的時期。

我也參加了這年夏天召開的少年部總會，還出席了總會之前的幹部會。我彈奏了鋼琴，和大家一起祈求，並鼓勵了他們。

那天晚上，我還把秋元少年部長（當時）、大澤（現為小川）少女部長（當時）請到我窄小的家中，共同祝願總會能成功召開。

怎樣才能讓孩子們明朗、幸福、不怕困難地成長，我費盡了心血，作了最大的努力。也可以説，因為有這樣的心願，我才寫出了《月亮的心願》這首詩。

這天上午，在學會本部召開了各部代表者會議。恰好這首詩剛剛寫完，就請藤田（現為高橋）女子部長（當時）給大家朗誦了。出席的人都很高興，決定當晚立即向孩子們發表。

這位高橋女士，現在全家住在德國。她作為學會的歐洲領導人，正帶着滿面爽朗的笑容，全速奔馳在高速公路上。她高興地説："照在萊茵河畔的德國的月亮，可比日本的月亮大得多喲！"

聚集在"白金庭院"上的孩子們，幾乎都是小學生。其中還有三歲、五歲的幼小的孩子，全都非常可愛。


在靜靜的、靜靜的天上
月亮目不轉睛地看着你們
期待着你們快快長大
她從童話的王國裏
對着大家説："再會吧！"

## ❖ 中秋交談後二十餘年

從那以後，二十餘年的歲月過去了。

童話王國裏的王子、公主們全都長大成人了。當時還沒上小學的一個女孩子，也已經研究院畢業。有一個孩子去了荷蘭留學，現在活躍在國際舞台上。

有個女孩子擔任區的女子部長，積極工作，幸福地結婚後，作為婦人部員，仍然天真活潑，朝氣蓬勃。有個女孩子就職於大企業，首次調動到地方工作，幹勁十足。當年的孩子們，現在都精力充沛地在社會上展翅飛翔。

正如慈祥的圓月亮期望他們"明朗地成長吧，好好地成長吧"那樣，孩子們都長大成人了，月亮的心願實現了。

在男孩子們當中，有一個喜歡數學的孩子。他修完了研究院的博士課程後，留在大學工作，一直從事數學和電腦的研究。

1996 年關西創價學園和美國創價大學獲得"美國太空總署（NASA）榮譽獎"，他的才能與努力在背後也為此作出了巨大的貢獻。

關西創價學園用電腦直接與美國威爾遜山天文台連接，進行最先進的天體觀測教學，美國創價大學對此進行了支援。因此，把榮譽獎贈給了他們。

這個"教學現場的天體望遠鏡（TIE）計劃"的構想，

是我和威爾遜山天文台的所長、世界著名的天文學家羅伯特·賈斯特羅博士會談時產生的。但要具體實施，由於在日本是首次嘗試，還是有種種的困難。

他知道這件事後，利用專業知識，收集、分析信息，提供給了關西創價學園。他在東京創價學園學習時期，他的一位恩師曾對他的數學進行過入門指導。而這位恩師現在已調任關西創價中學的校長，所以他對這項工作更加傾注了熱情。據說他所起的作用，成為威爾遜山天文台與關西創價學園成功連接的突破口。

當年的"賞月少年"給我們開闢了一條線路，讓學弟學妹等後輩們不僅觀測月球，還可以看到充滿浪漫的各種宇宙的天體。這確實是令人高興的事。


❖ 從交野的大地（關西創價學園）仰望宇宙

賈斯特羅博士是人類首次登上月球的阿波羅計劃理論上的總負責人。1993年在美國創價大學，我與博士圍繞"科學與宗教"、"宇宙中的人"的話題，進行了約兩個小時的交談。

我對博士說：

"仰望大宇宙，可以擴大心胸，開闊視野，領會和平的尊貴。

注視宇宙就是注視生命。康德等偉大的哲學家教導人們：'看看星星吧！'"

佛法教導人們，要仰望星星世界崇高而莊嚴的全景，要和宇宙交流，要凝視自身，遨遊宇宙——要有這樣的大境界。

博士表示同感。他說，星星也會重新誕生，衰老死亡。從這一意義上來說，星星也有輪迴轉生，有着與佛法的生命觀相通的一面。

我希望通過 TIE 計劃，讓青年們進一步與廣大宇宙進行交流，開拓充滿希望的人生。

關於《月亮的心願》那首詩，由於請人譜上了優美的樂曲，很多人都喜歡唱。

三年後，我以這首《月亮的心願》的歌詞為題材，寫了創作童話《月亮和公主》。畫家駒宮錄郎先生為我配了精美的插圖。駒宮先生曾參加日本的兒童出版美術家聯盟的創立，並擔任該聯盟的理事長。

後來，《月亮和公主》等幾篇創作童話，由英國著名的兒童畫畫家在布賴恩·維特史密斯繪了插圖，並由牛津大學出版社出版發行。

維特史密斯先生的繪畫鮮豔奪目，博得人們的好評，被稱為"色彩的交響樂"。大概是由於這個原因，我的童話集繼英語之後，又被譯成德語、荷蘭語、韓國語和他加祿語（菲律賓國語）等各種外語。

1996 年 6 月，我在美國的哥倫比亞大學，以"關於地球市民教育的一點考察"為題作了演講。哥倫比亞大學的名譽教授、曾擔任過美國教育研究協會會長等職的格林博士為我的演講作了講評。

令我感到惶恐的是，博士在講話中說："湯因比博士、貝恰博士的對談集以及創作童話《月亮和公主》，使我深深感動。"博士已是 80 歲的高齡，但仍然站在講壇上，深入到學生中去。聽說他把我的創作童話當作教學的教材，給予了很高的評價。實在不敢當。

孩子是人類的寶貝。

未來取決於孩子們。

我希望能創造一個讓孩子們歡蹦亂跳、盡情享受幸福的時代。

為此，今後我仍將以我的方式努力奮鬥。

月亮的心願，也就是我的心願。

# 鼓笛天使

　　——大海般的天空，湛藍、深遠而遼闊。1977年11月3日，在創價大學的大球場上，1500名鼓笛天使的節奏歡騰活躍。這是慶祝"創價文化日"的首屆鼓笛隊總會。

　　說到鼓笛隊，我總會想起它組建時的情景。1956年7月組建伊始，僅有33人。樂器是我自己掏錢買的，勉強湊齊了十幾支笛子和幾隻鼓。鼓是駐日美軍拍賣的處理品，上面帶有華麗的紅色和藍色的條紋。據說大家都是初學的生手。開始練習時，還不能正確地吹出笛音，吹了五分鐘就頭暈腦脹。鼓聲也毫無生氣，離雄壯的聲音還相差甚遠。

　　但是，我總是鼓勵她們："一定要成為世界第一的鼓笛隊。"

　　組成兩個月後，在當時的下高井戶日本大學運動場舉行名為"年輕人盛典"的體育大會。鼓笛隊參加了大會。隊員們穿着用牙粉塗得雪白的帆布鞋，個個氣宇軒昂。戶田先生走進鼓笛隊的行列，擔心地說："怎麼樣，能吹得響嗎？"觀看了入場式後，才喜笑顏開起來。想起這些往事，真令人懷念。

——總會在由鼓和旗組成的訓練隊的演奏中開幕。鼓笛隊向右、向左、向前、向後，好像計算好了似的，完美地展示了隊形的變換。

那是我貧窮的青春時代。精疲力竭地回到家裏，在簡陋的唱機上放上唱片，這是每天的慣例。傾聽貝多芬的樂曲，震撼人心的旋律。要開拓命運、猛烈叩打心胸的音階。那時，我就是從這樣的公寓的一室裏飛向未來，飛向世界。我總是陶醉在音樂所具有的不可思議的力量中。

當時，戰爭的傷痕還隨處可見，混亂仍然繼續。正因為如此，我覺得超越時代、民族、語言和距離，直接撥動人的心弦的音樂，有着無限的作用。它的魅力緊緊地抓住我不放。

不久就組建了音樂隊和鼓笛隊，而且舉辦了成為文化節先驅的體育大會。……我向戶田先生提出的建議大多都實現了。從草創時期開始，我就明確地有志於推進文化與和平的運動，使它成為佛法能在社會中開花結實的具體的表現。

——在運動場上，可愛的少年隊接着出場。據說隊中有這樣廣泛年齡層的鼓笛隊是極其少見的，恐怕只有學會的鼓笛隊。那裏也是有着不同年齡層之間互相幫助的教育的現場。在柔和的陽光下，躍動着黃色的絨球。

在這次總會的兩年前，鼓笛隊把她們自己的記錄彙編成書，題名是《天使進行曲》。其中也收入了我平時寫下的幾篇關於音樂的隨筆。題為《音樂的喜悅》一文，就是其中的一篇。文中說：

"沒有甚麼能像音樂那樣忠實地道出人的心情。不需要語言，沒有必要遵循邏輯，也沒有擺出要求理解的架勢。

只要洗耳恭聽，我們心中的樂器就會自然地產生共鳴，進行對話。這樣的音樂一定能成為一種有效的手段，使彼此的心情產生共鳴，改變這個血腥的地球的風景。

隨筆寫出了我從青年時代就有的這思想。沒想到最近聽說它被收錄進加拿大的面向高中生的教材。這篇寫出了反戰命題的音樂力量的文章，如果能有助於年輕人的思考，我將喜出望外。可以說，是音樂的力量使我寫了這篇隨筆。它經過翻譯，漂洋過海去傳播音樂所具有的魅力。我想，由此也可以看出，音樂具有巨大的可能性。"

——500名圓環隊隊員，自如地揮動棒子和圓環跳着舞。在正式出場之前，她們反覆地進行過多少次的練習啊？！我和眾多的觀眾一起，為她們鮮為人知的努力，送出熱烈的掌聲。

## ❖ 不斷激勵人的真心演奏

翻閱一下鼓笛隊的歷史，就會知道它在學會前進的每個階段都會登場，鼓舞着大家。1957 年，戶田先生在三澤運動場舉行的"年輕人盛典"上，發表了慷慨激昂的《禁止原子彈氫彈宣言》。裝點這次大會的也是鼓笛隊的行進隊伍。他們不顧渾身被雨水淋得濕透，堅持在大雨中的預演。

在 1958 年 3 月 16 日的紀念典禮上，迎接衰弱的恩師的，也是音樂隊和鼓笛隊。在那約一個月後，舉行了戶田先生的學會葬。從學會本部到青山墓地，沿途站滿了 20 萬名沉浸在深深的悲哀中的學會會員。

"演奏得好與不好，不是問題。你們是戶田先生喜愛的鼓笛隊。讓我們用真心的演奏，來為先生送行吧！"

聽了我的話，站在送葬隊伍前列的鼓笛隊隊員們緊咬着嘴唇，莊嚴地演奏了戶田先生生前喜愛的樂曲《星落秋風五丈原》。儘管由於淚水而看不清樂譜，但要繼承遺志，鼓勵朋友，她們仍然拚命地演奏着。

鼓笛隊英姿颯爽的行進隊伍，被人們評價為日本第一。1962 年在日法友好橄欖球比賽大會上，1963 年在迎奧運的群眾大會上，1964 年在奧林匹克日等對外出場時，都獲得了熱烈的掌聲。

以後在海外舉行了三次演奏，都取得了很大的成功。

1969 年的首次海外演奏，是在洛杉磯近郊聖莫尼卡的歐申•布魯巴德燦爛的陽光下舉行的。接着是在莫斯科和達拉斯。

特別是《聖教新聞》報道了鼓笛隊從莫斯科大學前面行進、望着宏偉的校舍的情景，全國的同志們都心情激動，像對待自己的女兒似的，送去了一片喝彩聲。

——行進的圓環隊令人感到運動場好像變得狹小了。可是，不知甚麼時候她們在運動場上排出了"和平"、"天使"的字樣，進行演奏。萬名觀眾發出了更熱烈的掌聲。

佛典 (章安《法華玄義私記緣起》) 上説："聲為佛事。"佛教化眾生的最終目的，首先要靠佛的聲音來達到。進一步來説，要完成一件偉大的工作，首先要有聲音。

佛典上還説："耳根得道。"(意思是，眾生是由於聽到佛法而成佛。——編輯註) 日蓮大聖人的遺文也説："觸耳聞此之一切眾生，是得功德之眾生也。"(《日蓮大聖人御書全集》，創價學會版第 415 頁)

聲和音會對生命的深層説話，產生作用，引起共鳴。"耳朵"可以説是向宇宙打開的"生命之窗"。一切都是從對"耳朵"説話的聲音開始。

還有，"妙音菩薩"為了救渡眾生，根據眾生的根基，變為三十四種化身。"妙音"的名字來源於要以美妙的聲音向十方廣泛宣揚法華經。

時而明朗、時而深沉、時而喧鬧的聲音，變換節奏，捕捉人心。所謂音樂的領域，確實會帶來大宇宙與律動的心靈的交流。鼓笛隊和音樂隊顯然賦有崇高的使命。

——在演奏後的致詞中，我希望她們今後要作為文化、和平運動的主體者，不斷地茁壯成長。最後的節目是《人間革命之歌》大合唱。我手執麥克風，努力和她們一起合唱。

現在她們已經名副其實地成長為世界第一了。每當學會被捲進風暴的時候，可愛的鼓笛隊員們必定會迅速地出現在會員們的面前，鼓舞着同志們。

後來，在第一屆總會後，每年都召開一次總會。尤其是第三屆總會，是我辭去會長的 1979 年的 12 月在荒川區民會館舉行的。當時正是宗門蠻橫無理地攻擊期間，我處於連出席集會都有所顧忌的狀況。

我得到邀請，和中國的來賓一起出席了這次總會。在她們為我佩戴胸章時，我鼓勵這些為學會的前途擔心、令人憐愛的女孩子們說："鼓笛隊是不會變的。真心是不會忘記的。學會也仍然在大步前進。"

從組建到今天，鼓笛隊的歷史就是弘揚佛法的歷史，也是為使命而站起來的鼓笛少女們幸福的人生行進的歷史。

——《人間革命之歌》大合唱結束了。我不知甚麼時候走到了運動場上，和雙頰泛着紅暈的朋友們握手，輕輕地拉正她們在熱心演奏中弄歪了的帽子。塵埃為一陣秋風拂去。

## ❖ 鼓笛隊是無冕的外交使節

歡迎民音聘請來日的以色列的愛芙羅尼合唱團時，我與指揮瑪雅・夏維特女士、團長達維德・哈爾巴斯先生等人，就音樂的力量等話題進行了愉快的交談（1995 年）。

"愛芙羅尼" 在希伯來語中是 "雲雀" 的意思。天使的歌聲是由 12 歲至 18 歲的青少年構成。

在挪威舉行的向獲得 1994 年度諾貝爾和平獎的以色列拉賓總理（當時）、貝雷斯外長（當時），巴勒斯坦解放組織阿拉法特主席頒獎典禮上，這個合唱團的代表曾以優美的歌聲為典禮錦上添花。

女士説："音樂就是自己的人生。音樂也存在於每個人的心中，並且以最美的形式表現出來。"

我就 "聲音" 的問題，請教她説："'聲音' 既沒有顏色，也沒有形狀，但是，有着深刻的影響力。不可思議！'聲音' 究竟是甚麼呢？"

"就像回聲似的" 女士立即爽快地回答説，"我認為聲音是 '最有個性的樂器'，是使用自己身體的樂器。誰都擁有它。問題是如何向外發出這種聲音。可以認為唱歌是一種自我表現，是一種語言吧。"

這些話真是意味深長。

鼓笛隊的隊員們正是通過"自己"這種樂器，辛辛苦苦地為我們作了自然而完善的"自我表現"。她們歌唱使命之歌，演奏友好之曲，引發共鳴之音。

她們用素樸的笛子和鼓，出色地發揮了和平天使和外交使節的作用。

許多人說："一聽到那樣的音樂，就不可思議地感到心靈好像受到清洗，心裏熱乎乎地要努力奮鬥。"

這些聲音充分地說明了她們的"自我表現"是完美的。

我每天都祈願她們永遠、永遠活躍和幸福。

# 人的廣場

如果不寫寫在東京以後的事，東京的朋友們恐怕會責怪我的。

"新支部長談抱負！"

會議司儀一說，支部長嚴肅地站了起來。會場裏掌聲雷動。畢竟有些緊張吧，他臉漲得通紅，動作也有點笨拙了。立即此起彼落地響起了支援聲："支部長加油！"、"支部長努力幹！"，從這些支援聲中獲得了力量，新支部長發出了堅強有力的第一聲。

這是 1978 年 1 月 27 日東京杉並的方南支部組成大會的一個場面。

這一年年初發表的"廣宣流布第二章"的支部制開始實行——學會自草創以來，一直以支部為單位推進活動。在下一個階段，考慮到向地區開展活動，決定以每個地區的總區組織為單位。並且為了開創新局面，把弘揚佛法的下一個時期稱為"廣宣流布第二章"，開始實行支部制——這一天，是各地預定的組成支部大會的第一天。雖受時間的限制，我還是四處奔走，表示了祝福。

組成大會按照"介紹支部所在的方南地區"、"發表支部歌"、"支部長談抱負"的程序，有條不紊地進行。也許是由於有會長出席的緣故，挨坐在一排的支部幹部們的表情不由得有些緊張。

在這個隆重出發的日子，我希望大家能更加胸襟開闊地、更加開朗活潑地踏上征程。我還跟大家說："即使平凡也好，希望大家都始終保持自己的風格前進。""支部長是支部成員的大哥，支部婦女部長是支部成員的大姐。"這樣，大家才漸漸消除了緊張。最後大會在盛況中結束。

但是，沒過一會兒，我立即被參加大會的人們圍住了。有青春煥發的年輕人，有支部的骨幹、支部的壯年部、婦女部的朋友。兩位像是老夫婦的人，也許是草創時期的老同志，他們滿面的笑紋十分美麗。

在臨時舉行的座談會上，有幹勁十足的近況彙報，有笑聲，有淚水……這種場面完全是熱鬧的"家人團聚"。

最後，大家不約而同地唱起了《人間革命之歌》。這是一個隆冬的夜晚，外面寒冷徹骨，但在春風般的"創價家庭"的圈子裏，我的心裏充滿了溫暖。

# ❖ 迎接同志如迎佛

　　戰後，主要在首都圈內跟恩師戶田城聖先生一起開闢再建學會這條沒有路的路的，是草創時期的 12 個支部的朋友們。一聽到蒲田、小岩、足立、鶴見、杉並、築地、中野、文京、志木、城東、本鄉、向島 —— 當時的十二個支部的名字，我就感到無限懷念。

　　這 12 個支部的時期延續了很長時間。當時的支部主要以"新入會的人"和"介紹其入會的人"的關係為軸心組成的。甚至有九州熊本人是由北海道釧路的學會會員介紹入會的情況。

　　其結果，比如說出現了這樣的情況 —— 有的人竟屬"釧路地區熊本班"的組織。這就是所謂的"縱線"。這是因為在草創時期，就是以這樣生氣勃勃的氣概馳騁於日本全國的。

　　因此，人與人之間的聯繫是牢固的。但在支部的聯絡、集會及其他方面，就有些不便了。所以，在恩師晚年以後，逐漸轉變為按地區統一的"區"制，也就是所謂的"橫線"。這就是人們常說的創價學會的會員組織的奧妙。1978 年當時的第一線，大體上是由綜合區（現在的本部）—— 總區（支部）—— 大區（地區）的系統組成。

　　不過，學會距恩師的正式組建時期已經過去約 30 年了。就一個人來説，已經進入了年富力強的時期。

而且，另一方面，"正信會"等大肆標榜僧侶權威的宗門的橫暴與日俱增，全國各地朋友的哀嘆和憤慨越來越大── 也就是説，要求有一個與以前不同的、新的前進方針。

這時，我首先着眼於組織的名稱。

正如"名必有至體之德"所説的那樣，佛法發現了"名稱"有着重大的意義，並認為，名稱在某種意見上與其本質是一體的。名稱所具有的"力量"和"意義"是不可估量的。

何況學會的組織可以説是"有生命力的事物"。要謀求不斷地前進，就必須機敏地預先把握瞬息萬變的狀況，細心地掌好舵，引導它走向更有價值的方向。為此，該怎麼做呢？── 看起來似乎是一件小事，但以 1978 年為分水嶺實施的"廣宣流布第二章"的支部制，是有着我們的這些深思熟慮的。

第二章實施支部制的發表，果然在學會的每個角落都掀起了一股清新的氣息。每個角落都燃燒着超過草創期 12 個支部的"戰鬥精神"，運動的節奏絕妙地高漲起來。

學會的組織絕對不是上下的關係。作為具有共同信仰的同志的團結，當然只能是"平等的會聚"。這種會聚是用可以稱之為"永遠的兄弟姐妹"的心靈與心靈的紐帶結成的。大家都同樣是"家庭"中的一員。

新誕生的支部，既有僅由住宅小區中一棟樓房的會員住戶構成的大城市的支部，也有僅跑一圈朋友們的家就得花幾天時間的山溝支部。各自活動的舞台雖然不同，但我希望大家始終都要懷着溫暖的家人的情誼前進。草創時期的那種熱鬧的"支部家庭"般的氛圍，在實施新支部制時，也是我所期望的。

1952 年 2 月，我作為蒲田支部的幹事負責指揮，打破了以前被視為一般支部極限的"1 個月發展 100 戶"的框框，發展了 201 戶新會員。

還有，1956 年 5 月，在前面談到的大阪支部，新發展 11111 戶同志，建造了這樣一座發展新會員的金字塔，等等。對於我來說，關於草創時期的支部的回憶，也是無窮無盡的。

關於長時間擔任支部長代理的文京支部 —— 我在這裏關注的，也是集中在希望建設比任何地方都溫暖的"支部家庭"上。

在相當長的一段時間內，以支部的壯年、婦女、男女青年部的代表會員為對象，由我擔任日蓮大聖人的遺文即御書的講義。在蒲田、大阪也是如此。溝通彼此的心靈是首要的大事。為此，必須要有一個場合，通過御書來進行簡明易懂的交談。

那時候，大家都生活得很不容易。

也有的青年來聽講義遲到。大概是因為加班加點很緊張吧。大家對講義的熱情似乎是一個也不准遲到。對不得已遲到的人似乎也很嚴厲。

我的信條本來就是"絕不責罵人"。參加會議等的人不管來得多晚，也要"當起遠迎如敬佛"來迎接他。這恐怕才是作為一個佛法者的態度。

我曾呼籲文京的朋友堅持這種態度。如果有人遲到了，但他儘管遲到還是氣喘吁吁地跑來了，這樣的朋友的求道心是應當稱讚的。由此會產生互相關愛體諒的心。

不是"別人是別人，自己是自己"，而是要把朋友的事當作自己的事來擔心、關愛。真正的人與人之間的紐帶，就是這樣締造的，接着就會產生團結的力量。所以，看到以後文京的朋友們的成長，我非常高興。在那裏，我切實地感受到了"支部家庭"的萌動。

## ❖ 自由與平等是發展的秘訣

1960 年，我就任第三任會長的事已經內定。在兩國的日本大學講堂（當時）的推舉儀式即將舉行的某一天，文京支部的朋友們為我開了一個盛情的送別宴會。

恩師去世以後，我肩上的責任一天比一天加重。訪問文京地方的機會也漸漸少了。但他們每個人的面孔都使我十分懷念。

在他們以茁壯成長的姿態慶祝我就任會長的真心宴會上，在滿足他們硬要求我"一定要給點甚麼紀念品"的過程中，我猛然發現從領帶別針到鞋拔子，身上佩帶的東西幾乎全都奉獻出去了。

一瞬間，我腦海中浮現出妻子為難的面孔。

但是，大家純樸的為我高興的笑臉，使我再一次發誓："一輩子要為這些尊貴的平民生活下去，鬥爭下去！"

席上他們為我拍了一張照片——一張我32歲時端坐在小坐墊上的照片。它經常使我在心中回想起那天的誓言。

這一年，繼1月開始的組建大會之後，各支部開始準備秋天的支部總會。在這樣的情況中，7月的某一天，我和東京的支部長、支部婦人部長的代表們舉行了一次晚間座談會。

就最近情況、工作與活動兩不誤問題以及人才培養等問題，我們進行了有意義的交談，甚至忘記了時間。會上我把我作詞作曲的支部歌贈給了以練馬區的北町地區為活動舞台的四個支部代表。

歌名是《北町廣布》。算是向作為各支部的"首任"核心人物而整天繁忙的朋友們表示一點謝意。

那一片綠蔭，在這天地間

我和你同走一條路

沐浴着朝日的功德

一起交談吧，在這廣場上


　　大家反覆地傾聽歌的旋律，最後歌聲匯成一片和聲擴散開來。這個“人的廣場”沒有任何隔閡，無話不談，熱鬧非凡。初夏的一夜成了一段難忘的回憶。

　　總之，只要能為朋友做的事，我甚麼都願給予支援。這也是我的真實心情。

　　在實施新支部制時，學會本部總是要贈給相當於草創時期的支部旗的“支部證”。後來，由於各支部的強烈要求，決定讓我來揮筆書寫。

　　不過，這本來就是我利用工作之暇做的事，現在要給一萬幾千個支部全都寫，確實沒有這麼多餘暇，為此我感到很遺憾。

　　1991 年 8 月，我和奧地利共和國文教部副部長、著名的聲樂家猶塔・賽菲爾特女士在札幌的北海道文化會館進行了會談。她是我的老朋友，在這以前和以後都見過好幾次面。

　　這天，好似受到北國夏天澄淨的空氣的影響，談話的空間從藝術論、哲學論擴大到佛法的生命觀等。

後來，交談的話題偶然涉及學會的組織。令人難以忘記的是，當時女士好似斟字酌句説出的話：

"我覺得好像明白了創價學會發展的秘訣，那就是有'自由'，還有'平等'。"

女士早就對學會抱有深切的關心。她曾和各地婦人部員們舉行過聯歡，努力創造和學會成員直接接觸的機會。我認為這是她通過自己的眼睛確認之後的直率的感想和結論。不過，"正因為有了自由和平等才獲得了發展"這句話，確實抓住了要點。

歸根結底，要看的人就會看到。開放的"人的廣場"吹拂着"自由"和"平等"的清風——我相信正如賽菲爾特女士所説的，那就是學會的聚會。只要不失去這個"善的聚會"的精神和傳統，學會就會永遠繁榮下去，而且作為平民的充滿生氣的人性的園地，一定會為社會起到示範作用。

新的支部制開始實施以來已經 20 年了。支部作為"人的廣場"的關鍵組織的任務，今後將會越來越重大。

# 為了長成大樹
## —— 東京創價小學的建校

1978 年 4 月 9 日 —— 這一天櫻花爛漫，東京創價小學舉行了第一屆入學典禮。

負責中、高等教育的創價學園，自 1968 年創立以來已經 10 年了。大學亦已於 1971 年建立。這所東京創價小學開辦後，創價一貫制教育就算完成了。

"希望創辦一個從小學到大學的創價教育的體系" —— 這是"創價教育之父"牧口常三郎先生的夢想，也是恩師戶田城聖先生的願望。實現這個夢想的日子終於到來了。

這設想本身是很早以前就有的。但從結果來看，小學的建校是在大學、高中、初中之後。這是有原因的。

本來，作為教育家的牧口先生、戶田先生實際執教的地方都是小學。

戶田先生曾在北海道真谷地的尋常小學工作，來到東京後，因與牧口先生相遇，到三笠尋常小學工作，接着在目黑開辦了私塾"時習學館"……

在神田的正學館時期，我擔任少年雜誌的編輯。恩師非常高興地跟我談過他自己當老師的經驗和對孩子們的回憶。

他是一位把自己的青春熱情全部貫注給兒童教育的恩師，一位終生特別熱愛孩子的恩師。我們怎樣來實現這樣的恩師的設想呢？如何創造一個能讓孩子們輕鬆愉快地度過學習的時光呢？

對自然環境、交通便利以及教育方針等問題的不斷的反覆思考，開辦小學的準備必然要花費很長的時間。

從一貫制教育的觀點來說，與初中學生、高中學生的聯繫也是非常重要的。最後決定在東京小平市的創價學園的旁邊建校。

附近有玉川水道潺潺流過，豐富的自然景色裝點着四季。作為兒童教育的環境，是一個基本上令人滿意的地方。

還有批准的關係。為了在預期的時間開學，建築施工、教職員的體制等的準備工作，都必須快速進行。校舍是在逼近開學的 3 月末竣工的。教職員們的辛勞可想而知，連施工人員也付出了很大的辛勞。

現在一進小學的正門，右側就有一棵枝繁葉茂的櫻花樹，樹上掛着一塊寫着 "鈴木櫻" 的木牌。

聽說很多來訪問小學的人都會問："這棵櫻花樹是紀念誰呀？" 這棵櫻花樹是紀念當時的施工負責人的。當時施工人員都住在校內的建設事務所裏，進行突擊施工。為了對他們表示一點謝意，我們種植了這棵樹。

## ❖ 教育的目的是為了孩子的幸福

從各種意義上來說，小學時代是打下人生基礎的時期。不管甚麼樣的建築物，沒有堅實的地基，那就等於是沙上的樓閣。將來不管幹甚麼，重要的是基礎。基礎決定一切。

為此，在學校裏的學習自不必説，各種經驗恐怕也是必要的。希望他們好好地鍛煉身體，希望他們多交好朋友。

我的願望是，特別希望他們首先要多讀好書。

恩師經常對青年説：“要經常閱讀世界著名的小説。”何況是多情善感的少年時期。讀甚麼書，接觸甚麼樣的作品，會成為一生的財富。

所以在建校的時候，我首先贈送了 4000 冊圖書。在入學那天，我提前參觀圖書室時，從書架上取出一本嶄新的書，跟孩子們説：“要多讀書啊！如果可能的話，我也想在這裏再學習一次。”這是我毫無矯飾的真心。

而且，不管是大學還是高中、初中，在這一點上都是同樣的。我作為創立者的教育宗旨是，不管怎樣都要“直接見面，互相交流”。

特別是對兒童，表面的親近或哄騙，都是行不通的。接觸到的大人的態度、行為舉止背後的真意，都會如實地映在孩子心靈的鏡子裏。所以，我對小學生也始終當作“一個人"來對待，坦率而真誠地與他們交談。

說起權威，他是美國實用主義的代表性哲學家。牧口先生在《創價教育學體系》中就關注了杜威的教育哲學。1996 年 6 月，我訪問美國哥倫比亞大學時在演講中提到了這一點，他們兩人幾乎在同一時代，分別在東方與西方，都以"教育的目的是為了孩子的幸福"為信念，獻身於教育。

哈佛大學教育哲學研究所所長巴諾·哈瓦德博士對《創價教育學體系》深表同感說："牧口先生的教育學說的根底，有着扎根於經驗和人本主義的智慧的脈動。"並對牧口先生能在戰前的 30 年代的日本就已經關注杜威哲學的先見性，給予了很高的評價。

這位杜威先生講過一句名言："民主主義始於'對話'。"作為教育家、宗教家的牧口先生的活動重點，也可以說是放在"對話"這一點上。不是命令和自以為是，敞開的對話才是培育豐富人性的大地 —— 我自認為，也是完全忠實於"創價教育之父"的這一信念，始終堅持貫徹對話。

一有機會，我就去參觀課堂教學，參加運動會、搗年糕大會等學校的活動。已成為慣例的"挖白薯大會"也參加了兩次。

拉白薯秧子時，怎麼也不能隨心所欲地拽出來。有的孩子用勁過猛摔倒了。"惡戰苦鬥"有了結果，看到挖出的白薯，高興得大叫"哇，好大呀"。結束之後，大家咂着嘴巴品嚐着熱乎乎的秋天白薯的風味……

在澄澈的秋空下，這些嫩芽般的孩子們在茁壯地成長。我和他們一起身上沾滿泥土，一起分享收穫的喜悅，滿懷信心地聽着他們成長的躍動。

我經常想着的，並且一有機會就講的一件事，是希望學生時代一定要學會外語。因為這是全球化時代所要求的，作為世界公民的必要條件。

所以，1980年4月，聽說東京校區作為課外活動開始學習英語時，我非常高興。

初中、高中的入學典禮結束後，我去參觀第一次英語學習。孩子們好像大多也是初次經歷這樣的事，也許是心理作用吧，一排排的小臉都很緊張。

我的學生時代是在戰爭中度過的，英語很不好。但我還是懷着期待的心情，在黑板上寫了這樣的英語句子："How do you like Soka Primary School?"（你覺得創價小學怎麼樣？）

孩子們跟着授課老師一個單詞一個單詞非常用心地發着音。看到他們認真的眼神，我想到外語的翅膀很快將會把他們引向世界的天空，還會擴大他們自身的心靈的天空，成為理解不同文化的難得的夥伴。

現代"恃強凌弱"已經嚴重到和以前根本無法相比的程度。最近我還想到，通過外語而使心靈國際化，會成為認

可 "異物" 的契機，成為克服宿疾障礙的一個關鍵。

1982 年，在大阪的枚方市創辦了關西創價小學。

東京校區創立時，是從三年級開始招收新生的。而關西校區再三考慮兒童的教育環境，結果有人提出 "是否能從年紀稍大一些的五年級開始招收新生"。

我贊成這個意見。我在《我的履歷書》、《難以忘懷的相遇》等書中都談到這個問題。回憶我自身的少年時代，印象最深的事，可以說是五年級時和班主任檜山老師的相遇。

在修學旅行的目的地，我大方地請同班學友的客，花光了零用錢。老師悄悄地把我叫到一邊說："你哥哥去戰場了吧。不要忘記給媽媽買點禮品啊！" 說完給了我一些錢。

和幾個朋友一起去老師家，老師家的書架上擺得滿滿的書，給我留下了很深的印象……

一個一個美好的回憶，至今還鮮明地刻印在我的腦海中。

少年時期的相遇是很重要的。我本來就一直認為，通過這樣的相遇，可以形成作為人的內核的時期之一，就是小學五、六年級學生的年紀。

說起關西創價小學，那是我的三兒子尊弘最初當教師的學校。

三兒子的選擇，大概也是看到我把教育當作終生事業的情景吧。


## ❖ 不斷學習的人常有光明

東京校區建校已經 20 年。到現在為止，已經畢業的兒童，東京校區已有 16 屆，關西校區 14 屆。

1982 年畢業那天，我和他們緊緊握手的第一屆學生，已到了在社會第一線上活躍的年歲了。

在畢業典禮上，我向他們提出一個建議：

"在公元 2000 年 5 月的時候，挑一個綠葉、嫩葉飄香的好日子，和媽媽一起在一個美麗的地方開一個同窗會吧。"

他們作為最高年級的學生，一直用他們小小的肩膀承擔着建校的勞苦。而在他們的背後，有支持他們的教職員老師們和支持學校的父母們。

我希望第一期學生成長到在社會各個領域真正承擔起重任的年歲時，不要忘記孝敬他們的父母。—— 我是出於這樣的想法而提出這個建議的。

如果第一屆學生能起到好的示範作用，後輩們也會把這條道路發揚光大下去。

聽說為召開這個"大同窗會"，已經成立了實行委員會。作為我來説，也是非常高興的。總之，創價小學出身的人們的青春的舞台正擴展到世界，世界在等待着他們。所以我們要更加努力學習，要更加鍛煉自己。

正因為如此，我把作為"臨別贈言"送給第一屆學生的話"不斷學習的人常有光明"，現在再一次送給所有的創價小學畢業生。小樹啊，我衷心期待你們長成新世紀的大樹，衷心祈願你們的人生"光榮"和"勝利"。

# 與有功勞的友人交談

"學會是怎麼發展起來的？"

以前，有個記者這麼問我。

由於組織的力量呀、信仰的強大呀⋯⋯也許大家早就預想到這樣的回答。而我卻說：

"因為我一直與一個一個的會員直接見面、交談。"

這並不是我爭強好勝的回答。因為這是我毫不矯飾的實際感受。

組織也好，團體也好，始終是有血有肉的人的集合。號令呀、強制呀，更不必說策略了，都不能打動幾百萬人的心。

和一個朋友反覆地促膝對話，自己以不加掩飾的姿態滿懷誠意地與朋友交談，只有這樣，才能在 100 人的心中點燃起火花，很快就會燃起千人萬人希望的火焰。

學會能發展到現在這樣，就是因為貫徹了這一基本。事實上我自己一直在實踐，很多人同樣也在繼續進行。

"千里之行始於第一步"。這"第一步"就是"和一個朋友交談"。

尤其是有人稱呼學會是"窮人和病人的集合"，而那些把這樣的學會締造成今天如此盛大的草創時期的朋友，那些作為無依無靠的平民的朋友，反而以被如此稱呼為榮而戰鬥，對他們的感謝，真是用筆墨言語都無法盡情表達。我所能做的，就是為他們鞠躬盡瘁。

訪問寒冷的地區，就想到至少要在溫暖的地方種植一棵同志之樹。在沒有休息的連日活動中，想到那些既沒有訪問國外的機會、經濟上也不寬裕的朋友們，就想至少要在國外種植一棵紀念之樹……

訪問各地的時候，心裏也一直想着："哪怕五分鐘也好，十分鐘也好，也要直接見一見那些立過功勞的朋友，特別是那些在幕後拚命工作的朋友，鼓勵鼓勵他們。如果可能，要去拜訪他們的家，表達感謝之情。"


### ❖ "與其稱讚我，不如稱讚這個人"

1978 年 4 月，我訪問三重研修道場所在的白山町時，拜訪研修道場附近的一位有功勞的人的家。

鄰近的朋友們也跑來了，兩間連在一起的客廳擠得滿滿的。其中有一位笑容尤為燦爛的老婦人，她是功勞者 H。

她 76 歲。大家異口同聲地說："正是有這位老婆婆，才有今天的我。"她確實像地區的一根支柱。

這個平凡的婦女在甚麼地方蘊藏着這麼大的力量呢
——接二連三的這樣的疑問很自然地提了出來。

她在家人中是最早入會的。但最初她受到全家人激烈
的反對。鄰近的人都罵她是"法華女",她去過的人家,人
們都要撒上一把鹽。這樣的事簡直像家常便飯……

H 木木訥訥地"那個嘛"、"我呀"地談起過去的往事。
她那極其溫和的談話方式,使人絲毫感覺不到已經跨越過
的苦難日子,反而令人感到人生的厚重。

"老婆婆,還有甚麼話要説嗎?"

我再三地問她。也許是心理作用吧,她低下了頭,説:
"教自己的信仰的一位婦女,現在身體不好,正在住院。比
起我呀,她的信仰心要強百倍。她總是説,想見見池田先
生。"

仔細一問,原來這位婦女我也曾見過。我立即讓人到
她住院的地方,替我捎去真心的慰問。

首先想到的不是自身,而是朋友的事,"與其稱讚我,
不如稱讚這個人。"多麼美好的心靈的聯繫啊!

同年在北海道遇見的一個叫 T 的老婦人,也令人難以
忘懷。

道東的別海,初夏的多花薔薇競相吐豔,冬季天鵝飛
來。我初次訪問當地的北海道研修道場後,在駕車駛向釧

路的途中，遇見了這位老婦人。

每個人都有一部歷史。遇到 1000 個人，就有 1000 部歷史，1000 部戲劇。

她出生於秋田。還未懂事時就來到了北海道。少女時代輾轉於各地，與父母生離，在親戚家長大。家人體弱多病，家計一直捉襟見肘。

依靠信仰化解了只能說是宿命的人生的辛酸，現在經營一家小小的路邊餐館。在講述這些時，她眼睛中閃爍着如同道東的初夏般澄澈的生命光輝。

分別的時候，我跟她說：

"祝你永遠年輕，做一個路邊餐館的'招牌姑娘'吧！"

關於這次別海的相遇，還有一些後話。

關於剛才說到的 H 也是如此。後來我應雜誌社的要求，把與 T 交談的一個片斷寫成一篇短文。

據說 T 的家人看到雜誌大吃一驚，立即告訴了 T 本人。聽說她滿臉認真地跟家人們說：

"你們絕不能用這件事來自吹自擂！"

這句話是告誡自己、告誡家人，表明決心要走更加堅實的人生道路。

有這樣的母親，就有這一家的繁榮——當時小小的路邊餐館，後來發展成為別海最大規模的餐廳。

第二年的 8 月 25 日，對於我來說，這是我第 32 個入會紀念日的翌日。這一天，我拜訪了長野佐久的功勞者 H 的家。這是為了實現多年來"甚麼時候一定去拜訪"的約定。我記得那天下着大雨。

據說他從年輕的時候起就為家鄉的發展而努力，並為長野縣下第一個農村托兒所的創辦而盡過力。他還是一位詩人，經常和夫人一起唱和短歌。

聽說他們家還是世家。祖先們從江戶時代中期起就一直擔任附近一帶的村長，擁有廣闊宅院的正院已有 350 年的歷史。當地稱它為"鶯館"，是一座宏偉的建築。但是，事業失敗後，經濟上好像已很拮据。

H 站在門前，撐着一把古色古香的油紙傘迎接我。

"先生，請這邊坐。"H 讓我坐背朝壁龕的座位。

但是，他是已超過"喜壽"（77 歲）的人生老前輩，我說："這是一家之主的座位，老人家才應該坐這裏。"H 臉上露出為難的神色，不過，還是勉強坐下了。

佐久的名菜鯉魚大醬湯、鹽烤香魚、長野特產的野菜、鹹菜……在款待這些精心做的菜餚之前，他們家裏人和我們夫婦交談甚歡。

在談話中，H 講了一個據說是家裏很早以前流傳下來的故事。

——有一位先祖，救起了一隻掉在水塘裏快要淹死的狐狸。狐狸一邊頻頻地回頭，一邊消失在後山裏。第二天早上，大概是那隻狐狸來報恩吧，家裏放着兩隻野雞。

這個口耳相傳、充滿平民生活氣息的故事，是在教導人們要感恩、報恩的重要性吧。

當時正是忘恩之徒欺侮、折磨學會會員的時候。這個故事格外打動我的心。

"人也要學習這一點啊！"我這麼一說，他們夫婦倆都點了點頭，眼神嚴肅認真。

他們可愛的小孫子們排成一排，為我們唱了歌。H也相當高興，主動唱了當地的民謠《望月小調》。

雨終於小了。我挽着H的胳膊在院子裏散步。他有些不好意思，但還是很高興的⋯⋯

現在H已經作古。後來聽說他多次回憶那天的事，並在短歌中反覆地吟詠過。

現在訪問海外的日程增多了。遺憾的是在日程上不能如願地安排。不過，對功勞者家庭的拜訪，僅從這一年（1979年）算起，也遠遠超過了600家。我一輩子即使到處去尋找，也要去慰問、讚揚、表彰這些尊貴的人們。


❖ 人的晚年是映照一生軌跡的鏡子

在拜訪許多有功勞的朋友家庭的過程中，有一些感想。

一個感想是，首先，99% 的母親都能始終堅持信仰。

另一個是，所有的功勞者在堅定地生活在自己信念的道路上時，都能以悠然和滿足的態度，度過人生的總時光。

"人的幸福是由甚麼來決定的呢？"—— 恩師曾經說過："真正幸福的人生，是由最後的數年是否滿足來決定的，是由在寫人生最後的篇章時，能否感到'啊，實在太好了'來決定的。"

把人生獻給甚麼 —— 人生的價值和深度都是由此決定的。人生是嚴酷的。一個人的真實，完全結晶在人生的最後篇章裏。欺騙是不管用的。善與惡，正與邪，人生的晚年如同一面鏡子，將會映照出一個人一生的軌跡。

為他人的幸福竭力奉獻，在一旦決定下來的"誓言的大道"上堅持走下去的人生，是多麼的莊嚴啊！和有功勞的朋友們會見，也就是再次確認這一儼然的事實的旅程。

我還想：後繼者往往會忘記創業的汗水。由於搭建好了的舞台過於偉大，他們往往會陷入一種錯覺，覺得連在那裏活躍的自己也很有力量。展望這項事業的未來，可以說這是最可怕的。

因此，我也想對應當繼承一切的青年們說幾句話：

永遠不要忘記，在不要名、不要財富和地位的這些平民拚命奮鬥的基礎上，才締造了學會的今天。青年們，你們在夢中都不要忘記，幾百萬平民刻印下的"戰鬥精神"。

1996 年，已是臘月，在朔風凜冽的街上，我思念着許多朋友的身影。寒風雖然越颳越大，但浮現在我心中的同志們的面容都是愉快的。

　　而且，那萬朵鮮花般的笑臉都在跟我説：寒風啊，你吹就吹吧。創價櫻花一定會耐過寒冬而盛放的。

# 發表大家愛唱的新歌

　　1978 年的 7 月 17 日又到來了，距"出獄的日子"已經 21 個寒暑了。

　　我和杉野泰彥（現為創價大學講師）先生坐在鋼琴前，為關西之歌《常勝的天空》作曲。歌詞已經寫好，前一天開始作曲。

　　"現在，重整陣列。" —— 歌詞開頭的曲調很順利地決定了。我覺得它很好地表現了"常常、現在，就是現在"的精神。

　　"你和我，久遠以來。" —— 儘管有很多的同志，但我還是想用你和我 —— 第一人稱和第二人稱 —— 的關係來表達。而且從很久很久以前就有緣分。曲調裏反映了這樣的心情。

　　"和盟誓的友人，高唱春天的歌。" —— 這一小節的曲調決定不下來。誰能忘記一起同甘共苦過的同志呢！希望至少要送他們一首春天的歌。但要把這樣的想法變為音律，那還是很難的。

　　"我熱愛的關西啊，奮勇前進吧！" —— 歌詞最後的曲調特別困難。這裏的唱法將決定前面三小節的曲調。作曲拖延到第二天。

1957 年發生的大阪事件（參閱 117~118 頁。—— 編輯註）—— 我因莫須有的罪名被關進獄中，每天一心只想着恩師的健康、祈求學會的未來和同志們的平安。同志們舉行了抗議非法鎮壓的大阪大會，為了讓歌聲能傳到獄中，在傾盆大雨中，渾身淋得濕透，仍為我唱着學會的歌曲……

第二天 —— 7 月 17 日，我們仍在緊張的氣氛中繼續作曲。

嘴裏哼着旋律，一遍一遍叩打着鍵盤，記到五線譜上，再一次哼唱。

不對！……還有一點沒想明白。

杉野先生肥胖的身軀汗水淋漓。我也聚精會神，拚命努力。在一旁看我們作曲的幹部們終於用話語來鼓勵杉野先生了。

最後一句的旋律總算定下來了。它富有躍動感，鏗鏘有力，抑揚頓挫。當時的感覺就好像攀登上目的地的山頂，俯瞰四方，一口氣把全體統合起來。

從第一句開始通唱了一遍，作了若干修正。急急忙忙寫進五線譜，又哼唱了一遍。好，就這樣了！作曲的房間裏這才開始充滿平靜溫和的氣氛。

完成了的《常勝的天空》立即通過電話傳到了關西。

關西趕忙準備發表。在當天晚上的關西幹部會上舉行了大合唱。

歌聲比以前大阪大會的歌聲還要堅強有力。


## ❖ 把前進的氣概寄託於歌聲中

民眾興盛的地方必有歌聲。人們把理想寄託於歌曲，通過歌聲溝通心靈。歌聲會產生團結。明朗的歌聲會打開希望之門，鏗鏘有力的歌聲會鼓舞運動，愉快的歌聲會加快前進。翻開學會的歷史時，那裏一定有着民眾的歌聲。

有時，僅僅三分鐘的歌唱，會比一兩個小時的演講更重要。因為歌聲會更直接地觸及心靈，震撼生命。

進入這一年的下半年，接連發表了許多大家愛唱的新歌，如大學生彙集的學生部的新部歌《走向廣布》，新男子部歌《朋友，站起來》，女子部的人才組"白蓮組"愛唱的歌《星光閃耀》，以及新壯年部歌《人生之旅》。

宗門倚仗聖職者渺小的權威、蔑視信徒的實況和暴行已經表面化，會員們開始遭受苦難。在這樣的時期，一定需要某種東西作為前進的起爆劑。在此兩年前發表的《人間革命之歌》，也是出於同樣的想法而產生的歌曲。人們已把前進的氣概寄託於歌聲了。

說到鼓舞人們的歌曲，想起了著名的作曲家西貝柳斯的交響詩《芬蘭頌》。1899 年，為了在俄國沙皇的暴政下痛苦呻吟的芬蘭民眾，在抗議鎮壓言論自由的場所，首次公演了這支樂曲。那種振奮人心的旋律，把森林與湖泊之國的廣大區域聯結起來，帶來了強烈的民族的一體感。據說在爭取獨立的過程中，這支樂曲比國歌更能提高士氣。

　　對於學會的運動來說，重要的也是要敏感地察知具體工作的負責人希望甚麼，要求甚麼，並給予回應。

　　因此，從基本的着眼點來說，領導者的任務不外乎是對人們的要求作出回應。

　　恩師戶田先生在這一點上很嚴格。他常問我們，大家累不累？苦不苦？睡眠充足嗎？飯吃了嗎？

　　在他的薰陶下，使我能夠和同志們始終心靈相通。

　　音樂具有能為人們接受的普遍性。音樂中有一種能把人與人立即聯結起來的強韌的力量。人，即使處於一種極限狀態，有時也會因一首歌而打開困境。

　　能用語言表達的，就用語言表達。語言不能盡情表達的，就用音樂。

　　各地愛唱的新歌，從關西開始，如燎原之火似的擴大到全國。這都是由於各地同志強烈的願望而產生的。

　　我反覆思考，首先寫了歌詞，同時請人作曲。

　　許多這方面的專家都來支援。例如中部方面的《這

條路的歌》是由創價中學的中島光治老師作曲的，東京的
《啊，令人感動的同志》是由東京創價小學的半杭克己老師
作曲的。

據說中島老師曾經參加二期會的合唱團，有過很多舞
台演唱經驗。他真心地認為，歌是要用心來唱、用心來聽
的。

創價學園建校後不久，我作為創立人，應邀來到學園，
第一屆、第二屆學生為我們唱了《學園宿舍歌》。

他們決心共同承擔起剛剛建校後的學園的建設，各人
的心凝聚在一起，其歌聲動人魂魄。他們不知不覺地把聲
音提高到已經不能稱之為聲音的高度，吶喊似的唱着，我
渾身都感到了他們的熱情。

據說，作為音樂老師的中島先生，一直處在一種顫慄
般的、起雞皮疙瘩的感覺之中。學生們正處在最難應付的
年齡，不是想讓他們唱就唱，讓他們流下誓約的眼淚就流
的。而在這裏，他們共有着靈魂的共鳴和面向未來的決心
——這就是音樂。

自己的心不感動，怎麼能使人感動呢。技巧也是重要
的，但最終還是由境界來決定。據說為我作曲的中島先生
等人，都花費很多時間仔細閱讀山本伸一的包含着對各地
會員激勵的作詞，直到旋律自然浮現出來。作曲確實是使用
全身精力的共同作業。音樂有着超越技巧的力量。能振奮聽

眾的心，內含祈願的歌曲，就是這麼產生的。

學會草創時期，參加東京的會議的人們，把會上發表的歌曲帶回各地並教給大家。這根本談不上歌唱指導，既無五線譜，也沒有樂器，只是把歌詞寫在粗糙的紙上貼出來。可是，歌聲卻超越年齡傳播開來。歌曲是用豐沛的感情來唱的——半杭先生就是其中的一人。他在孩子們的心上刻印上這樣的情景。

所以學會的歌曲有一種強大的力量。"在交通費花光後的回家途中，嘴裏哼着學會的歌曲，走在深夜的街上。"會員們有着這樣共同的回憶，杉野先生在音樂大學的時期也曾經有過。

"拜託作一般人都能唱的歌曲，請作任何人都能唱的曲子。專業性的難唱的音域寬廣的曲子也是需要的。但是，只要互相能產生共鳴就好。"——作曲者們都爽快認真地接受了我這個門外漢的要求。是他們華麗地裝點了學會的文化史，實在感謝不盡。


### ❖ 迎接羅莎·帕克斯女士的歌聲

後來舉辦了合唱比賽，作為代表的全國各地的合唱團，展示了洋溢着歡喜與希望的歌聲。當然有專業和業餘的差別。即使拿發聲這一點來，巧拙也自然分明。但是，即使技巧上略遜一籌，而真摯的歌聲還是喚起了感動的暴風雨。

另外，創價合唱團還活躍在世界合唱比賽的舞台上，並取得了優秀的成績。評審的專家們一眼就看出了他們在超越了技巧的合唱中投入的勁頭。考慮到真正的音樂是甚麼時，最終一定會審視對方的內心深層。這不只是在音樂的世界，在所有的領域裏都應當是共同的。

歌曲如何恰當地表演出現場的氣氛呢？

五年前，美國創價大學的校園裏曾經迎來被稱為美國人權運動之母的羅莎・帕克斯女士。出迎的年輕學生們中沸騰起一片歌聲，女士莊重的面孔一下子綻開了笑容，在場的人們一切都互相理解了。

帕克斯女士在美國南部的亞拉巴馬州引發了“拒乘公共汽車運動”。她對“公共汽車的座位白人優先”斷然地說“不”，同人種歧視進行了堅決的鬥爭。以後，人權運動高漲，在歷史性的“華盛頓遊行”中，她與馬丁・路德・金等人一起進行非暴力抗議，並取得了成果。當時所唱的歌曲，就是這天在校園裏沸騰起來的歌曲 *We shall overcome*（《我們會勝利》）。

《常勝的天空》等各地的歌曲，在各地的文化節等活動中被人們反覆地歌唱。今後也還會產生很多被人們喜愛傳唱的歌曲。

　　確實是歌聲有歷史，學會有歌聲。

# 阿育王、甘地、尼赫魯
## ——訪問悠久的大地印度

　　在新德里的中心街道穆爾蒂，有一座尼赫魯紀念館。印度第一任總理丁·尼赫魯在這裏居住、工作了 16 年，直到逝世。這裏是他思考對印度未來的設想、具體實現老師甘地理想的源泉之地。

　　在寬闊的綠意盎然的院子裏，有一棵綠葉繁茂的大樹，樹下有塊石頭，石頭上刻着尼赫魯總理對印度充滿着虔敬之愛的話語：

> 如果人們想起我，
>
> 那就這樣想吧：
>
> 他是個全部身心愛着印度，
>
> 愛着印度人民的人。
>
> 而印度這個國家，
>
> 也向他奉獻了愛，
>
> 奉獻了全部身心。

尼赫魯在獄中渡過了 3262 天，超過了老師甘地的 2338 天。無數為獨立而戰的尼赫魯的同志被抓進監獄，遭到殺害。印度的獨立付出了多少尊貴的犧牲才取得的啊！印度的近代史都凝縮在這座紀念館裏。

印度是在日本戰敗恰好過去兩年的那天，即 1947 年 8 月 15 日獨立的。在此前一天的 8 月 14 日，我和恩師戶田城聖先生好像命中注定似的相遇了。10 天後，我加入了創價學會。這一天是我人生中的"精神獨立紀念日"。

在佛教發祥地、精神的大國印度踏上新的旅程時，我也在佛教的大海上揚帆出航了。日本因空前的戰敗，在一片廢墟中拚命掙扎，當然沒有時間想到遙遠的印度。當時的報紙大量刊載了戰敗兩週年的報道，而印度獨立的報道卻非常少。但是，這一瞬間對印度自不必說，對亞洲、對世界也都具有非常重要的意義。

第一任總理尼赫魯作了慶祝獨立的演講。他說：

"在世界都在熟睡的時刻，當深夜的時鐘一響，印度即將為生命和自由而覺醒。歷史上輕易不降臨的一瞬間即將到來。那時，我們將從舊時代向新時代邁出第一步。"

"我們這個時代最偉大的人（甘地）的願望，是從所有的人的眼中拭去一切眼淚。這也許是我們的力量達不到的。但是，只要還有眼淚和苦惱，我們的工作就不會結束……"（森本達雄著《印度獨立史》，中央公論社出版）

在尼赫魯紀念館中給我留下深刻印象的，是尼赫魯下面的話：

"那個未來，不是安逸和休息的未來，而是我們為了實現過去、現在許下的諾言而不斷努力的未來。"

我理解，這些話是只有把一生奉獻給民眾的人才能發出的呼喚。


## ❖ 第三次訪問印度
### ——與為信念而生活的人們交流

1979 年 2 月訪問印度，是應印度文化關係評議會（ICCR）的邀請，對我來說是第三次訪問印度，連日都與要人、有識之士會見、交流。到達時已過深夜，而德里市長等眾多人士都到新德里的帕拉姆機場迎接，我真感惶恐。

有人問我到達印度的第一印象，我回答說："月亮很美，星光燦爛。從機上看到地上燈光閃爍的景色，如同一幅繪畫，令人感到神秘、未來和夢幻。這是剛才從空中看到的。明天開始就會看到地上的印度了。"

地上的印度遼闊、深厚，是悠久的大地，是精神的大國。

會見的人們大多重視自身的內在境界，與自我搏鬥，而且經歷過獄中生活，為信念犧牲，為民眾奉獻，勇於行動。他們的內心已得到淨化，具有創造性的獻身精神。

印度大地上的心靈美麗，熠熠生輝。感受到它神秘、未來和夢幻是正確的。要人、有識之士們都懷着深深的尊敬之心談到佛教、釋尊、阿育王、甘地、尼赫魯。這也許是考慮到我是佛教徒的原因吧。當時的很多發言還是使人銘記在心的。現在逐日列舉在下面。


第一天：

德里大學的 R・C・梅赫勞特拉副校長説：

"印度有許多驕傲。尤其是佛陀的誕生地，這對我們來説，是很大的驕傲。我們對佛陀懷有最高的尊敬之心。"


第二天：

在總理官邸與 M・R・德賽總理會談。

他説，和平與生存的障礙是"核武器和擴張軍備，以及其背後的人們的嫉妒和競爭心"。

他從年輕時期就參加了甘地的非暴力抵抗運動，數次被投進監獄，是一位不屈不撓的哲人政治家。印度的哲學古典《薄伽梵歌》是"一輩子要閱讀的一本書"。他在自己解説這部書的著作《我的梵觀》上為我簽了名。

第三天：

瓦杰帕依外長是位舌鋒銳利的評論家，也是印度首屈一指的雄辯家、詩人、甘地主義者、精幹的政治家。

印度獨立後，當時的尼赫魯總理評價他有"將來當總理的才能"。1996 年 5 月他出任第 11 任總理。

他説："阿育王時代，以佛教精神為基礎治理國家，文化繁榮，沒有死刑，貿易昌盛，人人都過着幸福的生活，是一個令人嚮往的時代。現代的印度國徽也來源於阿育王。"

造訪與聖雄甘地有緣之地拉吉‧噶特。獻花，表示衷心的追悼。境內的一角有塊石碑，上面用英語和印第語刻着甘地的話。題為"七種罪"的訓誡的內容是："沒有主義的政治，沒有勞動的財富，沒有良心的快樂，沒有品格的學識，沒有倫理的商業，沒有人性的科學，沒有犧牲的信仰。 M‧K‧甘地"

我在簽名簿上寫道：

"與印度民眾永存

衷心祈求"

又添加了下面的話：

　　"國父長眠於此，民眾來此參拜
　　祈願父子永遠幸福


　　　于拉吉・噶特"


第四天：

賈蒂副總統身材矮小，是一位沉着穩重的哲人政治家。

談話從與佛教有深緣的古代印度國王阿育王、迦膩色迦王談起，一直談到泰戈爾。

他的座右銘是"人、精神和道德"。

尼赫魯大學的 K・R・ 納拉亞南副校長一個月前剛上任。他是前印度駐中國大使。這所大學是以尼赫魯思想為基礎，旨在創造新學術的研究院大學。

納拉亞南副校長說："請您今天當'一天教授'。"我回答說："不敢不敢。當'一天學生'吧。"這件事也令我感到懷念。

在此 16 年後，納拉亞南先生作為副總統來到日本，和我實現了戲劇性的重逢（納拉亞南先生於 1997 年 7 月就任第 10 任總統。作為印度出生於所謂"種姓"制度中最下層的第一任總統，成為人們談論的話題。同年 10 月與池田會長進行了會談。—— 編輯註）。

第五天：

參觀國立博物館。館內收藏有古印度文明遺址哈拉帕和莫亨朱達羅出土的文物。深感孔雀王朝的阿育王、貴霜王朝的迦膩色迦王、笈多王朝時代的遺產和佛教藝術等歷史的悠久。

第六天：

從新德里的帕拉姆機場起飛，眺望着機窗左下方白雪皚皚的喜馬拉雅山，飛機朝着巴特那飛去。巴特那是比哈爾邦的首府，鄰近尼泊爾。那裏有 J·P·維拉揚先生的私邸。

納拉揚先生是徹底的甘地主義者、印度最大的社會活動家、總體革命的倡導者。他說話嚴謹，是位德才兼備的高潔之士。

他說：“我相信的是釋尊的永恆思想”，“印度的歷史是探求心靈的歷史”。

他認為構成甘地主義骨骼的非暴力思想，是和佛教的慈悲與寬容的精神相通的。

“我被關進過單人牢房，受過類似嚴刑拷打的折磨。”他一邊這麼說着，一邊在桌上的自己的著作《獄中記》上給我簽了名。

結束了和納拉揚先生的會見後，我佇立在恆河的岸邊。遙遠的對岸霧靄朦朧，看不清楚。西面天空上高懸的皓月，發出金黃的柔光。一隻大帆船在大恆河上揚帆航行。

我對 18 年前也和我一起踏上第一次旅程的森田一哉（現為理事長）君說：“一哉君，今天是戶田先生的生日，我想把恩師的照片掛在房間裏慶祝一下。”

我好像聽到恩師那乘着恆河的河風飄過來的喜悅的聲音：“大作，終於來到月氏了呀！”


## ❖ 佛法的故鄉 —— 印度

第七天：

拜訪那爛陀的佛教遺跡。這裏曾有過一萬名學生和一千名教授。建於 5 世紀，7 世紀受到戒日王的保護，10 世紀至 12 世紀極其繁榮。

7 世紀初，玄奘也從中國來訪過。舍利弗、目犍連都出生於其附近。其精巧、深奧和廣闊都遠遠超過在書本上所讀到的和照片上所看到的。

第八天：

從巴特那去加爾各答。在阿闍世王時代，釋尊說法後將渡恆河時，這座被稱為“花都”的美麗的城市還在建設中，曾是阿育王時期的首都。這就是巴特那。

第九天：

在加爾各答。訪問了與泰戈爾有緣的羅賓德拉·巴拉第大學（亦稱泰戈爾大學）。這是在詩聖泰戈爾故居宅地上建造的一所有名的大學。

擁有印度最多人口的城市加爾各答，屬西孟加拉邦。邦長 T·N·辛的會客室裏，掛着巨幅的甘地和泰戈爾的畫像。

邦長說：“我出生於與釋尊有緣的貝拿勒斯，尊敬佛教的教義，並引以為榮。甘地對我個人的教導是：‘到民眾中去’、‘要接近民眾’”。

第十天：

參觀加爾各答市的印度博物館。入口處阿育王的石柱是公元前 3 世紀建造的。刻在這根獅子柱頂上的雕刻，現在已成為印度的國徽。

這是一次用十多天時間，在遼闊的印度奔走的急行軍。但我覺得，還是接觸到了舉世罕見的印度心靈的史詩般的偉業。

甘地培育了新的人，產生了與權力的暴政作鬥爭的有良心的抗議者。印度的覺醒為人類歷史開闢了新途徑。

15年後的1994年的秋天，為紀念甘地誕辰125週年，我在日本舉辦了"阿育王、甘地、尼赫魯展"。其動力之一，也是這次旅程所深受的感動。

展覽會以"Healing Touch——療傷的手"為題，介紹了這三位用和平與寬容的精神引導民眾的不朽的領導者的思想和行動，引起了很大的反響和感動。這次東京富士美術館與ICCR共同舉辦的展覽會的成功，我作為東京富士美術館的創立人，心裏也感到很高興。

在這次旅程之初，我就和ICCR的有關人士約定："來到印度，心情就好像回到了自己的家。為了加強友好的紐帶，我希望會見更多的人，為教育、文化的交流而努力。"一切都從實現約定開始。而且，約定將會終生繼續下去……

三

# 迫害與人生

（1980～1982）

# 黃塵萬丈與文人墨客

到達北京機場的時候，有人跟我們説，大家運氣真好。還説，直到昨天，黃色的沙塵還遮天蔽日，今天天氣多麼晴朗啊。這麼一説，我想起了我們乘坐的飛機飛過上海的上空時，機內的廣播曾作這樣的説明：現在是在上海的上空，因為"黃塵萬丈"的緣故，能見度差，看不到市街。

每年乘着從戈壁大沙漠的強風而來的黃色沙塵暴，人們稱之為黃塵萬丈。它遮住陽光，妨礙視野，成為極大的障礙。有時還遠渡大海，來到日本，成為新聞。

我第五次訪華是 1980 年春天。當時，在中國社會裏，可以稱之為政治世界裏的黃塵萬丈的"文化大革命"已經偃旗息鼓，雲間露出了藍天，開始奮勇前進了。

從華國鋒主席（當時）、鄧穎超女士等國家要人那裏，也聽説了"文化大革命"時期的苦難以及為克服苦難所作的鬥爭，使我深受感動。在授予我名譽教授頭銜的北京大學，我以"關於中國的一點考察"為題，作了紀念演講。當時從大學有關人員那裏也聽説了"文化大革命"時期的混亂，感到很痛心。

幸而，中國是有着悠久的治亂興亡歷史的國家。不管發生了甚麼，它都能堅定地生存下去。我感受到了這種靈魂的深邃和強韌。

這次旅程訪問了北京、桂林、上海，會見了著名的畫家、書法家、作家、音樂家等中國的文人墨客。他們也都是"文化大革命"時期的犧牲者，忍辱含垢，堅決鬥爭，最終取得了勝利。

### ❖ 與世界級的作家巴金先生的交談

旅程的最後一天，在上海與作曲家孟波先生就"音樂是世界的共同語言"這一話題，暢談了音樂。孟波先生歷任上海音樂學院院長、上海市文化局局長，當時任上海市電影局局長。他的進行曲《我們走在大路上》等非常有名，很受年輕人的歡迎。他説作曲的生命是在於"表達人民的聲音、人民的思想、人民的感情"，給我留下深刻的印象。他還説，他創作"自己犧牲也要戰鬥到底"的主題的樂曲，"大家唱着歌，振奮了精神"。

在虹橋機場的候機室裏，我們一直交談到我回國的飛機即將起飛。最後我問他説："'文化文革命'時期，孟波先生在做甚麼？"他回答道："去了幹校。和作家巴金先生在一起。我種菜，巴金先生餵豬。"

巴金先生是中國的世界級的大作家。這樣的巴金先生，在前一天晚上也來到我下榻的錦江飯店探訪我。

前些時候，他作為中國作家代表團團長來日本時，我們見過面，所以這次見面是令人高興的重逢。

我問他："巴金先生在'文化大革命'期間不能執筆寫作。關於政治與文學的關係，您是怎麼考慮的？"

先生很乾脆地回答說："文學不能離開政治。但是，政治絕對不能代替文學。文學能夠塑造人的靈魂。"

接着他談到正用《兩隻美麗的眼睛》為題，花費很長的時間，慢慢地在寫受"四人幫"迫害時期的紀實文學。他說：

"有的人渡過了'文化大革命'，有的人沒能渡過。我要寫前者。我能夠克服苦難的原因是甚麼呢？我想寫最大的原因是妻子的援助。人在處境最困難的時候，更需要安慰和他人的援助，需要有能聽自己說話的人。這是我個人的體驗和經驗。"

在那筆墨言語難以形容的苦難的日子裏，是先生的夫人鼓勵着這位世界級的文學家，給了他勇氣，使他重新站了起來。

對談的最後，巴金先生知道我訪問了桂林，帶着懷念的語氣說："我四十幾歲的時候，曾經在桂林住過 11 年左右。"

自古以來，山水畫的故鄉桂林就曾是文人墨客遊覽的地方。它那幽玄的大自然一定是給年富力強的巴金先生的作家生命帶來了更大的活力。韓愈、柳宗元、蘇東坡等傑出的詩人、畫家都曾吟詠、描繪過這個地方。唐代詩人韓愈就曾在詩中寫道："江作青羅帶，山如碧玉簪。"

在煙雨中，順着流經桂林的帶狀河流灕江而下。人們說"桂林山水甲天下"，果真是名不虛傳。兩岸大大小小的奇岩怪石連綿不絕，景色千變萬化，宛如仙境。一會兒左右兩岸突然出現屏風似的岸壁，接着前方卻屹立着嶙峋怪石，好像羣馬從天而降。岸邊綠竹搖曳，青翠的河邊，燕子穿梭似的飛來飛去。

在等船的時候，兩個賣藥的小姑娘肩頭扁擔上掛着竹筐走了過來。我問道："有沒有讓頭腦變聰明的藥？"她們回答說："剛剛賣完了。"多麼美妙的回答啊！說起桂林，美麗的景色和這些聰明伶俐的小姑娘，都令人難以忘記。

桂林是一個擁有 37 萬人口的城市。市內桂樹綠意盎然，飄溢着高雅的氣質。我下榻的桂林榕湖飯店，坐落在榕樹環繞、清澈的湖邊。在那裏，我和書法家、畫家李駱公先生談論了書畫。李先生是桂林畫院院長，是一位性格爽朗的教授。他談論的內容是："書法產生於思想感情，表現了該人的世界觀、宇宙觀和人格"，"我的書法和繪畫同樣如此"，"書法和繪畫同出一源"。

這位李駱公先生也是長時間受到壓制，身為畫家，卻不准畫油畫，被強制做資料整理工作。但是，據說他認為"不管在多麼艱難的時候，如果不努力，人就完了"。反而對雕刻等進行了新的挑戰和學習。在這前一年，他剛恢復了名譽。在長期遭到迫害的人生中，他不但沒有被壓垮，反面把逆境變成肥沃的土壤，不斷地扎深了藝術的根。

## ❖ 敦煌的守護人常書鴻先生夫婦

訪問之初在北京會見了畫家常書鴻先生夫婦。他們所走過的道路也是極其壯烈的。當時常先生已 77 歲，擔任敦煌文物研究所所長，前一天剛從德國回來。

關於我嚮往之地敦煌和絲綢之路，我一個接一個地提出了許多問題，他以淵博的知識和洋溢的熱情，從正面給予了詳細說明。"敦"是大的意思，"煌"是輝煌的意思。說起敦煌時，常書鴻先生確實是大發輝煌。

先生也是"文化大革命"的受害者。他被迫與家人隔離，還被捏造罪名並連日被逼認罪。

從初次見面到 14 年後先生以 90 歲高齡享盡天年，我們多次加深了交流，並出版了對談集《敦煌的光彩》。現在我仍繼續與他的公子（畫家）交流。

後來我得知，在我們初次相遇的兩年前，常書鴻先生與同是畫家的夫人李承仙女士合作畫了一幅心靈的大作《珠穆朗瑪峰》。“珠穆朗瑪”是“埃菲爾士”（海拔 8848 米）的中國名稱，是世界的最高峰。據說在當地的語言中是“大地母親的女神”的意思。

　　10 年後秋季的某一天，他們夫婦倆說，要把這幅傑作中的傑作的畫贈送給我，並講述了當年是在甚麼樣的想法下驅使畫這幅畫的心境。

　　常書鴻先生說：

　　“這是在‘文化大革命’結束後不久，我們處於最困難的時期畫的。當時雖然很艱苦，但我們倆要朝着文化世界最高峰攀登。為了這個目的，首先要克服我們自身的孤獨，克服一切艱難前進。　——　正是懷着這樣的想法，沒有借助於任何人的幫助，只憑我們倆的力量畫了這幅畫。”

　　李承仙女士緊接着說：

　　“那幅畫描繪的是攀登到五、六千米的高度時的景觀。只有攀登到高處，才能實際感受到結着厚冰的道路的艱險。不過，還要朝山頂攀登。為此，不僅需要體力，還需要精神的力量。”

　　“當時是非常困難的時期，唯有心靈可以不受任何人束縛。心裏想：‘希望是無限的，我們的希望要蔑視任何苦難。’我們是懷着仰望珠穆朗瑪的心情畫了這幅畫。”

接着，常書鴻先生這麼總結說：

"我們在'文化大革命'的漩渦中受到無法言說的對待。人生籠罩在一片黑暗中，沒有一絲光線照射進來。但是，由於畫這幅畫，不受權力束縛的希望的翅膀，終於伸展到了太空。畫一完成，新的希望也就復甦了。我之所以能走到今天，也是由於有了妻子的支持。"

畫家說，畫是在物質匱乏的"文化大革命"時期畫的，繪畫器材質量不好，所以特地用同樣的主題、同樣的尺寸重新畫過，以便永久留存下去。這幅名畫現在作為創價學會的珍寶，裝飾着東京牧口紀念會館正面大門的廳廊。

常書鴻先生是絲綢之路的寶石 —— 敦煌的守護人。有人曾經反對他，嘲笑他，還說若到那樣沒有水、沒有電、沒有食糧的沙漠裏去會死掉的。但是，38歲的常先生第一次踏入敦煌的莫高窟，就發誓絕不讓這些美麗的女神永遠埋沒在戈壁沙漠中。

夫婦的家是個很小的房間。用土堆砌起一個台子，上面鋪上草蓆、麥秸和牀單就成了牀。桌子也是用土堆成的，上面抹上一層石灰。窗戶上糊着紙，牆上開個洞就成了書架。由於夫婦倆這樣的努力，埋沒在沙漠中永遠美麗的寶石才得到了發掘、研究和保護。沒有這樣勇敢的鬥爭，敦煌就不會在世界上大放光彩。

微小的黃沙可以說是一種沙粉，它隨着狂風從戈壁沙漠襲來，就形成了黃沙萬丈。當天空的深處一開始泛出黃光，能折斷大樹枝幹的狂風就從早猛颳到晚。黃塵遮住人們的視線，看不到前方。不過，這樣兇猛的狂風也只是颳一天就突然停止，以後又是萬里無垠的澄澈的天空。人生中猛烈颳起的迫害的風暴也許也是這樣吧。

戈壁沙漠沒能埋沒常書鴻夫婦不屈的大志。"文化大革命"這種可以説是黃塵萬丈般的風暴，也沒能摧毀他"九十春秋——敦煌五十年"的尊貴一生。作家巴金先生、音樂家孟波先生、書畫家李駱公先生都忍受、反擊、蔑視了瘋狂的襲擊，最終取得了勝利。

中國的文人墨客具有一種"剛強"品格，能把"文化大革命"的悲哀變成新的創造的契機。不過，常書鴻先生和巴金先生都對在最困難時期支持自己的夫人表示了衷心的感謝。看來在關鍵的時刻，女性的強韌會勝過千軍萬馬。

# 人民的母親

"年輕的時候，我和恩來同志兩人有過約定，那就是為人民服務。恩來同志去世了，但這個約定是不變的。"

1980 年 4 月，我拜訪周恩來總理的夫人鄧穎超女士北京中南海的家時，女士好像要打開往日的記憶，語氣堅定地説：

"恩來同志病重，兩腋需要看護人員撐着時，還叮囑我説：'一定要實行我們倆的約定啊！'"

女士的每句話都感人肺腑。這是由深厚的愛情、尊敬和"信念"結成的夫婦強韌的紐帶。我被這種尊貴的真實所感動，實際感受到了周總理現在仍然活在女士的心中。

我和中國民眾敬仰的"人民的母親"鄧女士第一次見面，是在 1978 年第四次訪華的時候。

第二年 4 月，女士來日本。為了表示敬意，我到東京元赤坂的迎賓館拜訪了女士。當時她邀請我"一定要到我北京的家中來做客"。

女士來日本時雖是春天，但東京的櫻花已經凋謝了。

我讓人從東北找來用櫻花做成的插花，把它送到了迎賓館。據説鄧女士非常喜歡這種櫻花，還和隨從人員一起在這盆插花前面合影留念。

為了懷念很喜愛櫻花的周總理，我們在創價大學種了一棵"周櫻"。後來又種了兩棵紀念他們夫婦的"周夫婦櫻"。而且每次與女士見面時，總要帶去拍攝這些櫻花的影集。在迎賓館裏，女士欣喜地説："恩來同志一定也會很高興的。"

拜訪女士北京的家時，我們也帶去了影集。女士好像等不及了似的，手裏拿着影集，熱心地、入神地邊看邊説："比以前看到的，長得高大了許多呀⋯⋯"

也許是受到創價大學的"文學池"旁兩棵緊挨着的浪漫櫻花的"引誘"，話題很快就轉到女士與周總理相遇的軼事上。女士説：

"1919年，中國的學生站在'五四運動'的前頭，開展了反帝愛國運動。恩來同志和我當時都是在天津學習的學生。""在這個運動中，我們開始互相接觸。我們的思想、認識、見解朝着一致的方向發展了。在理解逐漸加深的過程中，產生了愛情。"

"如果按日本的方式，硬要問'媒人是誰'，也可以説媒人就是'五四運動'。"——女士機智的幽默，引起大家一片友好的笑聲。她的話語細微處滲透出對對方親切的感情。

愉快的談話使人忘記了時間，和女士的對話不知不覺地已經持續了很長的時間。考慮到她高齡的身體，我準備告辭。這時，女士說要領我看看院子。

對於女士來說，這裏是和周總理一起生活了 31 年的家。粉紅的海棠、淺紫的丁香……連不引人注目的一草一木，都好像包含着對周總理的深深的回憶。

女士當時擔任中國的全國人民代表大會常務委員會副委員長（相當於國會副議長）、中國共產黨的政治局委員，是不可動搖的國家與黨的柱石。

可是，她讓人絲毫感覺不出有那樣的頭銜。矮小的身材，穿着中山服，斑白的短髮，紮着素樸的頭巾，完全日常穿着打扮的形象，深深地打動了我們。

我一直在追憶周總理在世時的面影，他和女士的形象重疊在一起。

### ❖ 我為人民而活着 —— 周總理夫婦的至誠

對地位"高"的人嚴格，對無名的平民堅決保護。這確實是說起來容易，做起來難的領導人之道。自稱領導人的人很多，而真正的領導人卻少之又少。在我遇到過的領導人中，周總理才是真正的領導人。

"為人民的幸福服務"——總理的目的第一是這一點，第二還是這一點。他一心只為了這一目的奉獻了一生。是極其尊貴的人生。

我一生只和總理見過一面，但對總理卻無限地懷念。

1974 年 12 月，我第二次訪華時會見了總理。那時總理已經住院，會見的地方是中南海一家醫院裏的一間屋子。

總理說："50 年前，櫻花盛開的時候，我離開了日本。"

——總理為了新中國的建設奉獻了一生，再也沒有訪問過日本。

周總理的身邊總是有着鄧女士。

在 20 世紀初，中國事實上已被列強變成半殖民地。謀求祖國獨立的街頭示威遊行的隊伍與警方格鬥，周總理一被警察逮捕，鄧女士立即去抗議，強硬要求"放了他，我們代替他來坐牢"。鄧女士就是這樣一位革命的鬥士。當時她才 16 歲，在日本只是一個高中生的年齡。

著名的"長征"，也是夫婦倆一起參加的。那是一次不斷遭到敵人炮火襲擊的急行軍，是潛伏在野地裏啃草根的嚴酷的歲月。由於身心過度疲勞，夫婦都病倒過，有時還躺在擔架上搖搖晃晃地繼續行軍。

還聽說他們在嚴酷的鎮壓下不得不進行地下活動時，死去了剛出生不久的愛兒，而另一方面，卻收養了許多在革命的征途中犧牲的同志的子弟。他們夫婦越過了難以想像的苦難的險峰，一直懷着"為人民服務"的至誠堅定地生活着。

1976 年周總理逝世。靈前擺滿了來自全國各地悼念偉人的真心的花束。

其中有一個小小的花圈，花圈上寫着：

"給恩來戰友小超"。

"小超"是女士的愛稱。上面寫着"戰友"兩個字——如果用一個詞來形容周總理和女士的夫婦的紐帶，那就是"戰友"。

和女士最後一次見面，是 1990 年 5 月我第七次訪華的時候。

我走在北京清爽的初夏的街道上，再次去拜訪女士中南海的家。相隔 6 年再會，時年 86 歲高齡的女士，那天特意到門口來迎接我。

我被迎進客廳。客廳裏掛着一幅描繪他們夫婦的大畫。這是前一年的秋天，為了紀念中國建國 40 週年，由我贈送給女士的。

畫上，他們夫婦倆緊挨着站在自家的庭院裏，臉上露出和藹的微笑，好似閃耀着人生"勝利"的光輝。

夫婦的背後是一條路，那也許是象徵着他們倆一直堅持貫徹的"信念之路"吧。——當我自然地聯想到他們夫婦倆過去的經歷時，女士對我說："在我的一生中，從來沒有收過這麼好的禮物，總理一定也會很高興的。"

交談時，女士說要把總理的遺物象牙裁紙刀送給我，還要送我女士自己愛用的玉石筆筒。

我當然極力拒絕。他們夫婦倆生活簡樸是無人不知的。何況這不僅對女士，對全中國的人們來說，一定也是珍貴無比的遺物。

但是，女士說："我很了解總理對名譽會長的心情，所以才決定贈送給您的。請您看到它想到總理吧。把它當作先生和總理友情的紀念……"

面對"我已經決定了"——女士真摯的眼神，我已經沒有甚麼推辭的話可說了。

"再見！"

一定，一定還會再見的。這麼告別後，我和妻子一起上了車。

但是，透過車窗，看到女士一直站在那裏送別的慈祥的面容。不知甚麼時候我們不知不覺地又下了車。揮手，目光與目光交匯，再一次道別。惜別之情就是這樣地依依不捨。

在此兩年後的初夏，接到了女士逝世的訃告。

# ❖ 不顧他人就是傷害自己

為他人、為社會而活着，對於人來説，這是基本。為他人盡心盡力，實際上是使自己活下去之路。不顧他人，實際上就是傷害自己。

但是，日本的教育沒有教這個基本，也沒有能教的人。只考慮自己的自私的社會的前途將會是嚴酷的。藉以傲慢自大的經濟繁榮一定會消失，國際上肯定會孤立，社會無疑走上衰敗的道路。

在這個一切都處於閉塞狀態的國家，日本人如何改變在自己前途上等待的命運呢？如何去戰勝自己呢？

在這個意義上，現在不正是應當認真學習周總理夫婦"為民眾獻身"而活着的崇高的一生的時候嗎？

現在已經成為女士遺物的玉石筆筒，宛如女士的人生，洋溢着穩重溫和的氣質。

"一片冰心在玉壺"（唐朝詩人王昌齡的詩句。意思是其心清澈純淨，如同投放在玉壺裏的一片冰）——從其溫潤的光澤，我想到了"人民的母親"的心，聽到了令人懷念的女士的聲音。

周總理夫婦熱切地希望中國與日本"子子孫孫友好"。要把這個願望真正變成可能，既不是經濟關係的擴大，也不只是表面上的人員交流，只有互相聯結成人的"心靈的橋樑"、"心靈的道路"。是的，正如周總理夫婦自身所表明的那樣 —— 在兩國的交流逐漸擴大的今天，這樣的想法在我們的心中日益強烈。

# 在洛杉磯召開首次 SGI 總會

自從 1975 年 1 月，國際創價學會 (SGI) 在太平洋上的島嶼關島創立以來，已經過去約六個年頭了。1980 年 10 月，在美國的洛杉磯召開了第一屆 SGI 總會。佛法已經擴大到 90 個國家。首次歷史性的總會，是在 48 個國家、15000 名代表參加下召開的。

會場施萊因公會堂是一座有名的建築物，曾經在這裏舉辦過奧斯卡金像獎的頒獎典禮。據說它是洛杉磯最大的劇場式的公會堂。

首次 SGI 總會召開的那年，距我初次訪問國外 (1960 年 10 月，是我就任會長那年) 正好 20 年。在此 20 年間，我已訪問了 36 個國家，年齡也到了 52 歲，迎來了年富力強的時期。可以說，自此以後才是我真正的人生正式開始，也是向世界正式開展佛法運動的開始。

我第一次往海外訪問是夏威夷。無論是夏威夷還是 SGI 的創立地關島，都是刻印着太平洋戰爭慘禍的令人難忘的地方。從 SGI 這樣的歷史也可以理解，佛法運動從根本上來說是爭取和平。

而且，21 世紀也可以説是太平洋的時代。據説環太平洋地區集中了世界人口的 60%，承擔着經濟活動的 70%。多種民族和多彩文化圍繞着太平洋，交織得渾然一體。這個地區的融合孕育着人類無限的可能性，是令人關注的"試驗之海"。立足於地球民族主義的 SGI 運動在這片海域上起步，再一次令人感慨殊深。

這次去洛杉磯的途中，順道也去了檀香山。在那裏召開了一個會議，紀念我初次海外訪問 20 週年，並與初次訪問以來結識的朋友，及在夏威夷獻身於弘揚佛法的人們敍舊。尤其是對現在已經去世的哈利·希拉瑪先生有着許多回憶。

大概是 1974 年吧，我即將出發去北美、中南美的前夕，希拉瑪先生病倒的消息傳到了日本。據説他是在籌備預定在聖地亞哥召開的代表大會時病倒的，已用救護車送進了醫院。

在旅途中，他的情況一直縈繞在我的心上。從秘魯回到北美，出席了聖地亞哥的大會，在回東京的途中，我突然變更了預定日程，趕往夏威夷。我們在初次出訪海外的時候，對甚麼都不習慣，連時差都沒有想到，是他趕來無微不至地照顧了我們。因為他的樣子有點像已故的職業摔跤運動員力道山，所以我們都親切地叫他"阿力"，和他的關係一直很親密。在第一個地區組織建立時，請他當了地區部長。從那以後，他一直作為夏威夷的核心人物活躍着，是一個重要的幹部。

到達夏威夷，立即去看望他。我説：

"阿力，你可不能倒下啊！"

他正在同病魔作殊死的鬥爭，非常消瘦，眼睛潤濕地説：

"已經不要緊了。"

後來，希拉瑪先生像不死鳥似的又重新站立起來，病倒之後又獲得了八年的壽命，在夏威夷到處奔走。這確實是"更賜壽命"（《法華經》的經句，"又賜給壽命"的意思。—— 編輯註）的人生的總完成。


## ❖ 美國是人類社會的縮影

總會由萬國旗入場開始，接着齊唱美國國歌。這首節奏明快的曲子鼓舞了各國代表。主辦國的代表在開會詞中説："第一屆總會在洛杉磯舉行，説明了對於國際創價學會來説，我們美國的任務是多麼重大。"

夏威夷、關島以及第一屆 SGI 總會召開地洛杉磯，不用説都屬於美利堅合眾國。我最初訪問的國家是美國，之後的出國訪問地也是美國最多。

美國聚集了來自世界各地的各種各樣的移民，是一個可以稱為人類社會縮影的國家。因此，這個國家發生的事情會預示人類的未來，可以說是一個"試驗國家"。

　　人們從各個角度，包括正面和負面，談論多民族國家的現實。但是，我多次訪問這個國家得到的印象，坦率地說，它具有充滿活力的可能性。

　　不同的民族匯聚到一起，通過齊心合力而又互相競爭所產生的活力，是值得刮目相看的。它具有一種靈活的恢復力，能把困境變為可能性，並大力加以克服。乍看起來從混沌中產生能量，卻孕育着無限的創造力——這種狀況甚至令人感到極其痛快。

　　在會場裏，因為決定第二屆 SGI 總會翌年在夏威夷召開，夏威夷連同南島的芳香，送來了"阿洛哈（歡迎）"的花環，給總會錦上添花。我的雙肩上掛滿了五彩繽紛的花環。接着輪到我把這些花環一個一個地親手贈送給這些遠道而來的各國的朋友。花環不夠了，我把胸章也摘下來送給了他們。會場裏洋溢着家人般的親切笑聲。

　　洛杉磯是美國不斷向西推進的"開拓者精神（frontier spirit）"的目的地和象徵地。走在洛杉磯的街上，在太平洋海岸吹來的芬芳的香氣中，在被稱作"陽光燦爛加利福尼亞（Sunny California）"的明亮的陽光中，感受到至今仍充滿着進取氣氛的，恐怕不只是我一個人吧。

正因為面臨着很多課題、難題和矛盾，這個國家如果不追求自由、民主和平等，就會失去作為國家的生命線。它充滿着朝氣蓬勃的活力，存在於世界，其本身就是人類的希望。在那裏將會看到和平的曙光。

第二年——1981 年 6 月，我在訪問紐約的期間，即興寫了一首詩，滿懷期望地"贈給我熱愛的美國從大地湧出的青年"：

世界的人們尋夢來到這裏

—— 這可愛的自由天地的美國。

……

各國的人們匯聚、共和，

這個合眾的國家美國。

這正是世界的縮影。

這個美國，

在多民族的統合和團結中，

可以説包含着

走向世界和平的圖解的原則。

從文明論的角度來説，我不得不把人類的未來寄託在這個國家的可能性上。

總會的各國各地的代表中，香港、德國、英國和法國的代表發表了講話。另外，學會現任會長秋谷作為 SGI 理事長致了詞。

總會確認了基本活動是：希望作為好市民為各自的國家、各自的社會盡力。尊重各自國家的文化、風俗，作為好市民作出貢獻。

這條基本路線後來作為 "SGI 憲章" 通過了（1995 年）。

還認為 "SGI 要以生命尊嚴的佛法為基調，為全人類的和平、文化、教育作貢獻"。

"SGI 要基於 '世界市民的理念'，不歧視任何人，維護基本人權……"

"SGI 爭取達到的目標是，各加盟團體的會員要作為各自國家、社會的好市民，為社會的繁榮作貢獻。"

我在會上發表的講話中，介紹了恩師戶田先生贈給我的短歌："以大鵬展翅長空的雄姿，度過永恆的生命。"

這首短歌是恩師臨去世前寫的，可以說是作為一種遺言永遠深深地刻印在我的心中。恩師一次也沒有去過國外。遺言中包含着恩師自己未能實現的願望，要我 "以一生的生命，展翅飛翔於世界，為人類的和平盡最大的努力"。在歷史性的第一屆總會召開之際，當做是我自己和會員們一起再一次確認了出發點。

我在講話中強調的另一點是，要把以佛法為基調的和平、文化、教育運動推向世界，美國這片天地是非常重要的。我深信，有眾多民族發揮各自的個性和力量的美國，具有容易接受佛法運動的基礎。

## ❖ 保障各民族平等的思想

回想起來，誕生於印度的佛教在經由中亞傳到中國的激動人心的旅程中，成為傳播動力的，主要是佛教主張一切人都平等。中亞是由多民族國家組成，人們甚至稱它是人種的馬賽克。佛法從生命的層面上排除了歧視，樹立了人類平等。它超越民族引起了共鳴，為人們所接受。而且通過這一旅程，佛教更加提高了普遍性，加強了作為世界宗教的基礎。

在中國，當時仍然繼續與北方民族的對立與抗衡。因此，需要有一種團結不同人種、保障各民族平等的思想作為統一國家的理念。湯因比博士在和我的對談集中指出，中國歷史上一件非常引人注目的事，就是和平地接受了佛教。佛法確實是當時的社會和時代經過摸索之後所要求的。

如此說來，在人種平等的天地巴西，我們的運動近年來獲得了顯著的進展。例如：提倡尊重生命的環境展引起了廣泛的反響；青年們自己舉辦的文化節，作為廣大地區的慶典在一片讚揚聲中開展；首任會長牧口常三郎先生的創價教育學說正在學校的教學現場付諸實踐，等等。

以所有人生命的尊嚴和平等為前提，不分人種的運動，在巴西正引起一股清新的氣息。可以說，是佛法提供了土壤，讓不同的人們超越差異，聯合起來。

在美國，我自身通過在哈佛大學的兩次演講以及在哥倫比亞大學和克萊亞蒙特・麥肯納大學等的演講的機會，痛感到面臨 21 世紀，作為承擔新的千禧年的理念，人們對佛法的真摯的關心正在高漲。為了維持和發展地球共同體，時代確實朝着人們如何融合的方向在移動。可以說，美國的任務極其重大，SGI 的使命也很重大。

1981 年 8 月 24 日，在夏威夷召開了第二屆 SGI 總會。沒想到在此一年前，妄圖把信徒當作綿羊般加以統治的惡僧集團，正好也在這一天在日本召開了大會。他們的窮途末路，無需等待他們守舊過時的言行，就已經昭然若揭了。各國的會員們敏銳地看穿了他們的本質，不理睬他們。另一方面，SGI 作為世界宗教組織日益興旺。

繼夏威夷之後，在神奈川橫濱召開了第三屆總會。總會召開的次數不斷增多，召開國擴大到法國、巴西和英國。去年在大阪召開了總會。到現在為止，SGI 總會已召開了 23 次。

我海外訪問的國家也達到了 54 個。我決心用更大的氣概奔走於世界。

# 繞世界一周的激勵之旅

從溪流到大河——1980 年 11 月，創價學會經歷了辛勤努力的發展過程，刻下了自創立以來半個世紀的歷史。佛法已在民眾的大地上滔滔奔流，滋潤着這片大地。

另一方面，墮落的僧侶們已開始邪惡的陰謀活動，學會面臨着重大的局面。

為了打開下一個時代的展望，承擔起世界規模的民眾佛法興隆的重任，我決心採取以下的行動。

第二年——1981 年的 5 月 9 日，樹木的嫩葉在薰風中搖曳，我踏上了繞世界一周的旅程，訪問了俄羅斯（當時為蘇聯）、德國、保加利亞、奧地利、意大利和法國。從巴黎趕往紐約時，為珍惜時間，乘坐協和式超音速客機，三個半小時飛越了大西洋。

接着訪問了美國的許多城市和加拿大，從洛杉磯飛越太平洋，於 7 月 6 日返回日本。這時已是樹木鬱鬱葱葱、梅雨結束的時節，夏天的太陽發出耀眼的光芒。這是一次歷時兩個月的激勵之旅，在此以前和以後都未曾有過像這次這樣強行的旅程。

在此期間，我連日在集會等場合激勵各國的會員。出席了在芝加哥舉辦的歷史性的第一屆世界和平文化節；為了編寫對談集，分別與莫斯科大學的羅古諾夫校長、牛津大學的威爾遜教授進行了對談；與羅馬俱樂部的創始人貝恰先生敍了舊；在索菲亞大學發表了演講；與巴黎大學校長舉行了會談，等等。在教育方面也進行了交流。

為了推進文化運動，我還訪問了維也納國立歌劇院和米蘭斯卡拉歌劇院。

此外，還會晤了原蘇聯部長會議吉洪諾夫主席、法國參議院波埃議長等各國領導人。

當時美蘇關係冷到了極點。我向吉洪諾夫主席建議"選擇瑞士等第三國，舉行美蘇首腦會議"。四年後，在日內瓦實現了這個建議。

總之，回首往事，覺得能幹到這樣地步，也算不錯了。因為在巴黎去參加集會的地鐵車廂中，我還吟了一首即興詩贈給一位法國青年。那確實是一次珍惜一分一秒時間的旅程啊！

不過，就在這樣極其繁忙的旅程中，我還拜訪了與托爾斯泰、歌德、貝多芬、惠特曼有緣的住居。能夠忙裏偷閒，擁有片刻的思索時間，真是意想不到的幸福。

接觸到他們的遺物，心中充滿了懷念之情，這也並非不可思議的。

這些巨人們的作品，我從年輕時代就非常喜愛，成為支撐我艱苦奮鬥的青春的支柱。

我不知不覺地像往日一樣，直接感受到他們的體溫，面對面地細細咀嚼着貫徹終生的深刻的啟示，進行對話。

我生來體弱多病，在健康不佳的孤獨的青春時代，窄小的公寓的一室裏響徹貝多芬的《命運》樂曲，鼓舞起我多大的勇氣啊！

在神田的舊書店買到的惠特曼的詩集《草葉集》，經常放在案頭。從青春鼎盛時期到獲得"桂冠詩人"稱號的今天，我自己一直熱衷於寫詩，也和這不無關係。

托爾斯泰和歌德的著作，也正是我年輕時的精神食糧。沒有這些偉大的先人，我的青春要談也無從談起。


## ❖ 托爾斯泰、歌德、貝多芬

在莫斯科拜訪了托爾斯泰的故居。那是一所地板咯吱作響的簡陋的木造房子。我多次見過豪華絢爛的克里姆林宮的偉容，它至今仍傳承着沙皇的榮華。所以我留下的印象更加深刻。

在世界文學史上有劃時代意義的《安娜·卡列尼娜》、《戰爭與和平》等大作，就是在這所簡樸的房子裏誕生的。

遺稿靜靜地擺放在那裏，我感到很高興。說起來，俄羅斯的嚴冬所必需的燒壁爐的劈柴，都是托爾斯泰自己來劈的。劈柴時穿戴的圍裙和白帽子都展示在那裏。托爾斯泰的簡樸生活，由此可以窺見一斑。

文豪歌德在法蘭克福的宅第，是座五層的石造建築。不愧是富豪門第，建築都是洛可可式和巴洛克式的，房間裏還裝飾着中國式的壁紙。日用器具也都發出光澤，和厚重的風格同樣穩重結實。

不過，祖父也許是警戒孫子歌德不要驕傲自大，四樓書齋裏配備的書桌是非常簡樸的。據說就是在這間屋子裏，歌德寫了《少年維特之煩惱》和令人難以理解卻又樂於閱讀的《浮士德》。

托爾斯泰和歌德的書齋裏，都有便於站着寫作的、桌腿很高的書桌，坐着寫累了時，就站着繼續寫。他們是連續幾個小時嘔心瀝血地不停地寫作。可以看出，他們兩人都是集中精力不停地工作，從事一種堪稱壯絕的創作活動。

貝多芬在維也納的家也很簡樸。地面上鋪着木板。木地板的凹下處，好像會響起貝多芬思索樂曲時踱來踱去的腳步聲。現在由於住宅化的發展，房子只有一角與樹木鄰接。但據說以前四周圍繞着鬱鬱蒼蒼的綠色森林，是最適合構思樂曲的住居。

在這間嘔心瀝血創作了《英雄》、《命運》、《田園》樂曲的屋子裏，靜靜地佇立着一台褐色的，看起來有些簡陋的鋼琴。據說很多鋼琴都經不住他長時間反覆敲擊鍵盤的使用，唯一剩下的這台鋼琴，當然引人注目。

它刻印着貝多芬過度使用的歲月，好似馬上就會噴發出稀世的作曲家的執着和精力，比展示在那裏的親筆寫的樂譜講述了更多的東西。

在紐約郊外的長島，有一條名字也叫惠特曼的大街。惠特曼出生的家就坐落在這條寂靜的大街上。這所房子頗具《草葉集》詩人的風格，其質樸令人想起開拓者的茅舍。一樓有三個房間——詩人出生的房間、客廳和廚房。二樓是兩間居室，那裏保存着詩人親筆寫的詩稿的複印件等許多遺物。

"好，出發吧！衝破惡戰苦鬥！已經決定的決勝點是不能放棄的。"（《草葉集》，富田碎花譯，第三文明社出版）——在艱苦奮鬥的年輕時代，這一段詩一直銘刻在我的心裏，至今仍然懷念地縈繞在腦際。我在心裏向這些遺物表示敬意。

仔細想來，他們四人最大的關心還是在於作為心靈結晶的作品本身。在與作品進行格鬥的精神事業中，他人是無法進入的。產生作品的地方，外形的美醜，是奢華還是質樸，是做作還是樸素等，都已經不是問題。重要的是超越這一切的生命燃燒的空間吧。

托爾斯泰一生都與權力作鬥爭，受到民眾的支持，這是早就有名的。在與他的家鄰近的資料館裏，有一塊綠色的玻璃板。這是玻璃工廠的工人們贈送給他的，上面雕刻着堅決支持托爾斯泰的檄文。

我在那裏停下腳步，眼睛不由得凝視着這塊玻璃板。俄羅斯正教會與國家權力相勾結，把托爾斯泰逐出教門時，憤怒的民眾擁護他，洶湧澎湃地發出正義的呼聲："俄羅斯沒有容納得下托爾斯泰的大監獄！"

妄圖以渺小的聖職者的權威來束縛人們的靈魂，那是根本辦不到的。這個方程式是永遠不會變的。一塊平淡無奇的玻璃，是民心的結晶，是對蔑視人的宗教權威的彈劾。在我看來，玻璃板發出金剛的光輝，遠遠超過了鑽石。

在托爾斯泰的故居裏，我向館長提出了從年輕時就持有的疑問。那是關於托爾斯泰臨死前離家出走的問題，例如，是自殺還是跌倒，臨死時有沒有家人在身邊……

館長的回答很明快："死是因肺炎引起的自然死亡，不是自殺。跟隨托爾斯泰離家出走的是主治醫生，小女兒隨後也趕來了。離家出走是想改變精神危機。"

托爾斯泰一生最後篇章的那幾天，是在孤獨與寂寞中度過的。在生與死的縫隙裏，一直到最後，他都在追求着終極的意義。

在歌德的故居，我想起了年輕時曾在心裏反覆玩味過

的歌德的話。他説：“不要滿足於一步一步走向總有一天
會到達的目標。這一步一步都是目標，所以一步本身就必
須是有價值的一步。”（埃卡曼著《與歌德的對話》，山下
肇譯，岩波文庫）

是的，人生確實如此。要重視現在正邁出的一步，它
會成為未來的一步。不可思議的是，這正是那次旅程中我
每天的心境。

樂聖家的裏院裏，有一棵古老的蘋果樹。據説在他還
30歲的時候，得了不治的耳聾症，為了安慰自己而種了幾
棵蘋果樹。但樹一棵接一棵地枯死了，只有一棵頑強地活
了下來。

作為一個音樂家，他面臨着致命的事態，但仍然熱烈
地燃起生命之火，與命運抗爭，埋頭於作曲。對於他這樣
不屈的靈魂，大自然也最大限度地給予了回應吧。蘋果樹
淡然地佇立在初夏的陽光中。這個悲壯的“見證人”無聲地
告訴了我們極大的苦惱和無上的光榮。

後來，我們舉辦了貝多芬第九交響樂的大合唱大會，
和這次的訪問也不無關係。

## ❖ 詩心超越時代，把人與人聯結在一起

惠特曼出生的故居裏，還展示了愛默生的一篇盛讚《草葉集》的文章。《草葉集》初版的評價並不佳。這些不拘形式、直接吐露內心的思想和熱情的詩，人們認為不合韻律，遭到嘲笑，被扔進了火爐。

但是，愛默生是少數的理解者之一。他稱讚惠特曼的詩是"太陽的光線"，給予了極其讚美的支援。這是廣為人知的。所以，出生的故居裏才不能沒有愛默生的文章吧。

細想起來，不僅是對惠特曼，對這些巨人的評價，也都是通過作品才能作出的。作品不僅是在作家活着的時候，在死後還要經受嚴厲的、長期而廣泛的評判。

還可以說，不僅是作品，而且作家在 100 年、 200 年後也會繼續活着。這只能說是不容欺騙的世界。作品也是人生態度留下的紀念品。

貫穿着生與死，經過歲月的篩選，評價才會固定下來。這不僅是對一個稀世巨人而言，對一切有生者的人生，恐怕同樣也是適用的。

在創價大學的校園裏，托爾斯泰、惠特曼的像在四季的變化中守護着學生們的成長。而且，還把歌德著作的初版本和手稿、貝多芬的樂譜，作為大學的珍寶加以保存和展覽。我殷切地希望，同學們能夠通過這些把認真思考過

的人生態度銘記在心裏，按照自己的方式為完成使命而堅定地生活。

在惠特曼出生的故居，應陪同的保存協會副會長的要求，我寫了下面的獻詞：

是惠特曼
使我青春清新的心，
燃燒得更加熱烈。
如今，我來到他誕生的家中。
所謂詩人是甚麼？
所謂詩心是甚麼？
現在我再一次
回歸到自然的心，
度過思索的時刻。

惠特曼在美國民主主義發展中所起的作用，這裏已無需多談了。

詩心會超越時代，把人與人聯結在一起，帶着宇宙的啟示和直感說話。如果是這樣，那麼，今後的詩人應當帶着甚麼、為了甚麼向人類說話呢？21世紀的大山就在眼前。

# 人才如大河

　　那是深夜的電話。我從妻子手中接過話筒，耳邊傳來冷靜、絕望的聲音。

　　"我丈夫病倒了，我覺得很危險，已經叫了救護車。"

　　這是當時的會長（創價學會第四任會長）北條浩的夫人弘子來的電話。醫生也趕去了。但是，很快就接到了北條去世的通知，是心肌梗塞。時間是 1981 年 7 月 18 日凌晨 0 時 53 分。

　　第二天清晨，我和妻子第一個趕到北條家弔慰。從年輕的時候起，30 年來我與北條寢食、苦樂與共。現在他好似心情愉快地睡着了。我雙手合十，向他安詳的睡容深深低頭行禮，跟他打招呼說："長久以來，辛苦您了！"又對旁邊的北條夫人說："讓他好好地休息吧！"看來夫人在誦經禮佛之後，恐怕昨夜一夜都沒合過眼，一定很疲累，於是就告辭了。

　　因為家中很混亂忙碌，臨回去時站着跟夫人談了一會兒話。我接着說道：

　　"昨天是盛夏酷熱的一天，我們一起參加了創價學園的榮光節。結束之後，北條和各位副會長時隔好久難得地來到我家裏，一起誦經禮佛，愉快地暢談。以後就慢慢地吃飯喝酒，約莫近一個小時……"

## ❖ 令人懷念的夏日 —— 思念北條會長

在這 10 天前，我剛剛結束為期 61 天的歐洲訪問、北美八國之旅回國。北條他們是時隔好久難得地來到我家裏，各地負責的副會長也來了，大約二十來人吧。大家鬧鬧嚷嚷的，變成了一次熱鬧的集會。

說是吃飯喝酒，其實我生來酒量小，從不喝酒，總是北條把我的那一份接收過去。這一天也是如此。因為客人是突然登門的，當然不會準備甚麼吃的東西。從我在青年部工作的時期起，我們家就習慣了有熟人、朋友突然來訪，於是妻子就滿面笑容地為我張羅安排。

我說："家裏有的都拿出來……"於是妻子拿出了掛麵。儘管把八鋪席大的佛堂和旁邊八鋪席大的居室連接在一起，有客人來了，我們窄小的家還是會一下子擠滿了。好不容易把做好的幾個人份量的麵條分給了二十幾個人，碗裏幾根光麵條好像在水裏游泳似的。從那以後，每當看到盛夏的麵條，妻子總會懷念地說："想起北條了！"

「家裏甚麼也沒有，大家去吃頓飯吧……」我邊說邊把飯錢遞給了北條。從青年部時代起，請客吃飯就是我的任務。據說他們一起去了附近的一家壽司店，高高興興地進行了很有意義的商談。

據說快到淩晨零時，北條才回到家裏，誦經之後，按照每天的習慣入浴，確定第二天的計劃，和家人談笑，不一會兒就說「不舒服」，躺下不久就踏上了去靈山的旅途（去世的意思。靈山又名靈鷲山，為印度名山。佛教認為釋尊曾在此山講說《法華經》。——譯者註）。

現在想起來，北條好像是在臨去世前舉行了商談會。有的副會長本來預定回家的，是我勸他們留下來好好談談。當時學會的負責人可以說都聚齊了。

北條身體健壯，連傷風感冒都很少得過，我做夢也沒想過他會突然去世。我就任名譽會長後，他擔任了兩年多繁忙的會長職務。那時也正是陰謀詭計攻擊學會的困難時期，他經受了許多艱辛困苦。

我參加了那天晚上北條家的守夜和第二天的告別儀式。守夜時，突然雷電交加，下了一場猛烈的暴雨，我追思了故人的一生。

北條加入學會後不久，在《大白蓮華》雜誌上刊載了一篇頗具自己特色的文章：

「我曾經長時間屬於所謂的舊信徒（宗門的施主的意思

——編輯註），最近才成為學會會員，接觸到信仰的核心，為兩者的巨大的差異感到震驚，為自己的巨大變化目瞪口呆。現在我深深相信，日蓮大聖人真正的佛法只儼然存在於學會之中。對不懂得這一點和對此持批判態度的人，我要打內心裏發出呼喊：脫掉舊殼吧！"

北條當年進入海軍士兵學校後不久，就爆發了太平洋戰爭。他作了必死的思想準備，接受了訓練。事實上戰爭即將結束時，他已是由"銀河"轟炸機組成的海軍攻擊隊的隊員，戰死之日已迫在眉睫。對於直接面對生死問題，為戰後大混亂時期而苦惱的青年，日蓮正宗這個小小的既成教團，既未提供任何解決方案，也未給予絲毫希望。北條意識到了這一點，為自己"貪圖懶惰 28 年"感到羞恥。不，他憤怒地喊出"一定要打破舊殼"。他說：

"我從大正十三年（1924 年）到現在的'信仰'，與日蓮大聖人所説的信仰毫無共同之處。對此，我怒火中燒……我決心一定要打破這個舊殼！"

8 月 18 日，北條去世很快就到第 35 天了。我拜訪了北條家，説"在安放骨灰的前一天，來為北條祈求冥福"。為北條誦了經，和他的家人進行了交談。

從兩天後的 20 日起，一週時間我去夏威夷出席了第二屆 SGI 總會。本來預定北條也去的，但這已經不可能實現了。在夏威夷的尼爾·普萊基德爾中心，世界各國代表

7500 人匯聚一堂，提出"和平與文化"的主題，召開了盛大的總會。太陽的佛法普照世界。

我於 8 月 28 日回國，下午 6 時半到家，立即請相關負責人把旅程中一直帶在身邊的北條的照片給夫人送去，並請他傳話說："我和北條的照片一起去了夏威夷。因為他以前一直期盼去夏威夷……"我回想起世界之旅最初訪問的地方夏威夷，也是和北條一起去的。

## ❖ 在臨時總務會上產生了新會長秋谷

向世界弘揚佛法這一空前的偉大事業，不容許停滯和感傷。7 月 19 日下午召開了臨時的總務會，決定繼北條會長之後由秋谷出任會長。學會未作片刻休息，繼續前進。

7 月 24 日、7 月 25 日，相繼舉行了創價學會本部葬和秋谷會長領導下新出發的本部幹部會。在這期間，秋谷會長說：

"恩師戶田第二任會長的遺訓說：'只要支持第三任會長，廣宣流布（弘揚佛法的意思——編輯註）就一定能實現。'北條會長完全遵照這一遺訓進行了奔走……北條會長經常說：'學會的根於指導，全部都體現在前三任會長的指導之中。我的使命就是準確無誤地將其付諸實踐。'"

"特別是我，是從青年部時期就受到池田先生的薰陶而成長起來的。我是池田門下的一個弟子。我決心，一定要繼承池田先生死身弘法（豁出性命弘揚佛法的意思 —— 編輯註）的偉大精神，即學會精神。請大家給予支持。"

"幸運的是，在本部，有森田理事長以及和泉、辻、小泉先生等草創以來的前輩們幫助我嚴格掌控；在全國各地，有副會長、總務、各縣縣長等地區核心負責人在進行指揮，各自都在腳踏實地地前進。而且，在池田先生的薰陶下，承擔 21 世紀重任的青年部的人才也在不斷地湧現。創價學會穩如磐石。"（7 月 25 日）

1951 年，秋谷新會長在早稻田大學法語科學習的學生時代就加入了學會。歷任男子部長、青年部長，在草創時期的青年部建設上，是支撐學會的柱石。他說話穩重溫和，但該說的他還是會說的，是一個很有主見的領導人。責任感強，頭腦敏銳，深得會員的信任。

第一次走向世界的和平之旅時，秋谷也是和北條會長一起與我同行。當時他是《聖教新聞》的編輯負責人，海外指導的照片和報道，全由他一手承擔，連電影放映機也是由他為我們放映。現在都成了寶貴的記錄。

有一次，秋谷會長不經意地說："《聖教新聞》傳佈學會前進的一字一句都是我的日記。"這句話傳達了學會歷史的歲月和他那經過深思熟慮後大膽採取行動的人情味。

我自 1960 年就任會長以來，已經過去了 38 年的歲月。在這期間，我一天也沒有停止過學會的活動。不，加入學會五十多年來，鬥爭是一個接着一個。我比誰都清楚會長這個職務的工作是極其繁重的。

不過，由於同志們勇敢鬥爭，我相信萬代的基盤已經牢固，人才已經雲集。

我現在正傾注全力培育承擔 21 世紀重任的青年。在他們當中，推動學會前進的勇將一定會陸續輩出，人才將會如大河奔流。

這股滔滔大河的奔流，是任何人都不可阻擋的。它閃耀着金波、銀波，奔向 21 世紀，奔向世界。

# 米蘭斯卡拉歌劇院來日公演

　　歌劇的珍寶維也納國立歌劇院和米蘭斯卡拉歌劇院，
應民音（民主音樂協會）的聘請，分別於 1980 年和第二年
1981 年的秋天來日本舉行了公演。這兩次都是在我國首次
正式的公演。連續兩年的公演，釀造了與藝術之秋非常相
稱的氣氛。

　　維也納國立歌劇院的藝術名望，可以說就是歌劇的歷
史。歌劇的代表莫札特[1]的《費加羅的婚禮》和《后宮誘逃》，
都是該劇院（當時稱宮廷歌劇院）首次上演的劇目。曾是劇
院總經理和樂隊指揮理查德‧施特勞斯[2]的《納克索斯島的
阿莉安德尼》也是如此。來日公演時，除了這三部作品外，
還增添了施特勞斯的《莎樂美》、《厄勒克特拉》，共五個

---

1　W‧A‧莫扎特（1756~1791），古典派代表性音樂家。14 歲發表歌劇《邦特
　　王米多利達太》，受到讚揚。1780 年離開薩爾茨堡去維也納。35 歲病逝，
　　留下三大歌劇《費加羅的婚禮》（1786 年）、《唐璜》（1787 年）、《魔笛》（1791
　　年）等不朽的名作。

2　R‧G‧施特勞斯（1864~1949），出生於德國慕尼黑。1894 年至 1918 年，
　　作為柏林愛樂管弦樂團的指揮活躍於樂壇。1919 年就任維也納國立歌劇院導
　　演，霍夫曼斯塔爾（1874~1929）編劇的《納克索斯島的阿莉安德尼》於 1912
　　年在斯圖加特首次上演。

劇目。

世界級的獨唱獨奏演員、維也納愛樂管弦樂團、合唱團等全部演員、工作人員共 350 人來到了日本。整個國家歌劇院的舞台都從奧地利搬了過來，確實是一次"搬家般的海外公演"。

公演在東京、橫濱、大阪共舉行 21 次。首場演出的劇目是《費加羅的婚禮》，音樂巨匠卡爾·貝姆 [3] 一閃指揮棒，上野東京文化會館的會場裏，極富魅力地展現出莫札特的世界。

遺憾的是，首場公演的那天，我因要去美國，損失了欣賞的機會。不過，能為藝術、文化的交流作出微薄的貢獻，我作為民音的創立人，感到極大的喜悅。幸好公演的第二年 —— 1981 年 5 月，我在繞世界一周的旅途中，順道去了奧地利的維也納，拜訪了文教部和國立歌劇院，向有關人士表達了衷心的謝意。

---

3　卡爾·貝姆（1894~1981），出生於奧地利的格拉茨。1917 年在格拉茨市立歌劇院首次登台指揮後，1921 年開始在德國各地指揮歌劇。1943 年至 1945 年、1954 年至 1956 年在維也納國立歌劇院任音樂總監。其音樂方面的功績受到稱讚，1964 年獲國家音樂總監稱號。

## ❖ 藝術屬於全體市民
### ── 位於市民精神世界中心的維也納歌劇院

5 月的維也納，樹木一片新綠，映襯着繁花五彩繽紛，令人舒暢的薰風吹拂着市街。歌劇院於 1869 年落成，首次公演，具有悠久的傳統。它坐落在市中心環形大街與凱倫特納大街的交叉點上。建築厚重，恢弘壯偉。

維也納國立歌劇院歷任總導演中，排列着馬勒[4]、施特勞斯、貝姆、卡拉揚[5]等人的鼎鼎大名。會見澤菲爾納總導演時，他滿面含笑，一開口便說："在日本的公演獲得巨大成功，取得了豐碩的成果。"

他懷念地回顧說："當時選定莫扎特和施特勞斯的作品，是因為想讓日本的觀眾能看到我們歌劇院上演劇目中演出次數最多的、典型的維也納歌劇。"

歌劇院在第二次世界大戰中化為廢墟。重建時，他在貝姆下面擔任總導演助理，東奔西走，為歌劇院的恢復演

---

4　G・M・馬勒（1860~1911），出生於維也納。就學於維也納音樂學院，同時在維也納大學旁聽哲學，加深思索。1897 年就任維也納宮廷歌劇院（當時）指揮。師事布魯納，受到瓦格納的強烈影響，構築了後期浪漫主義交響樂的頂峰。代表作有《大地之歌》（第九交響樂）等。

5　H・馮・卡拉揚（1908~1989），在維也納音樂學院學指揮。1929 年在烏爾姆市立歌劇院首次登台指揮。1938 年擔任柏林愛樂管弦樂團常任指揮，時年 30 歲。戰後，因與納粹的關係受到指責，被迫停止活動。1947 年復出，1955 年再次擔任柏林愛樂管弦樂團的常任指揮。1956 年任終身藝術監督。

出作出了貢獻。在紀念恢復公演時，邀請了當時美國的國務卿杜勒斯等世界名人。歌劇院作為人類共有文化的恢復公演，給戰後暗淡的世態帶來了光明。

據說對於恢復公演，市民最為高興，即使沒有入場券，大家也跑到歌劇院去，手拉着手，把歌劇院團團圍住。對市民熱情支持歌劇院的覺悟，我感到很高興。

我接着去文教部拜訪了季諾瓦滋副總理（文教部長，後出任總理）。關於國立歌劇院首次籌劃、規模最大的日本公演，副總理說："我原定也一起去的。可是非常遺憾，臨行前，因有事未能去訪問。我衷心感謝這次民音的聘請，再一次向創立者表示敬意。"對日本和奧地利的文化交流的進展，他感到非常高興。

其實，就是季諾瓦滋副總理要求澤菲爾納先生來就任總導演的。當時澤菲爾納不在維也納，正在柏林德國歌劇院擔任總導演，任期還未滿。副總理與柏林的藝術廳長官直接交涉，要求歸還澤菲爾納，澤菲爾納先生才回到闊別了 15 年的維也納（1976 年）。不愧是傳統的歌劇，只有在這個領域，人才的往來才能在國與國之間經常進行。來日本公演的陣營就是這樣組成的。

從王侯貴族的歌劇變成全體市民的歌劇 —— 據說歌劇越過了時代的驚濤駭浪，吸取了民眾性、平民性，才帶來了廣泛的發展。在這一過程中，歌劇不只是停留在歌劇上，還廣泛地成為市民精神的支柱，成為一種深入培育文化意識的、極其寶貴的存在。正如維也納歌劇院在地理上位於市中心，它也位於市民精神的中心。


## ❖ 米蘭斯卡拉歌劇院 —— 堅持和法西斯鬥爭的托斯卡尼尼勝利的指揮棒

繼維也納之後，我訪問了米蘭。目的是為了衷心歡迎米蘭斯卡拉歌劇院預定這年秋天來日公演，同時進行最後的協商。

首先在米蘭斯卡拉歌劇院的巴迪尼總裁的陪同下，拜訪了米蘭市政廳。米蘭和大阪是互相協作的姊妹城市，公演也將在大阪舉行。因此，希望托廖利市長能夠訪問日本。

市長早就期待着這次公演，説他"先訪問大阪，然後訪問東京，爭取趕上公演的開幕式"。我説："我們在日本等着您。"他説："請繼續您們愉快的旅行吧。"贈給我一枚背面刻着我名字的米蘭市特製的銀紀念章。

接着訪問了以擁有二百多年傳統自豪，甚至帶有威嚴氣派的米蘭斯卡拉歌劇院，同巴迪尼總裁、西奇里阿尼藝術導演等人進行了暢談。

我一再表示歡迎來日公演，願意竭盡全力取得成功。

總裁嚴肅認真地說："我們要使這次公演成為最高水平的公演，無愧於世界級的音樂鑒賞團體民音的名字。"還說："我們願意珍視這次意大利與日本的偉大的文化交流的機會。"

令人饒有興趣的是，會談的房間裏掛着的幾張照片。照片生動逼真地拍攝了斯卡拉歌劇院因第二次世界大戰的戰禍而遭到破壞的慘狀。為甚麼現在還保留着這些照片呢？

房間的中央，還掛着把斯卡拉歌劇院變成世界級歌劇院的功臣之一的指揮家托斯卡尼尼 [6] 的肖像畫。

遭到破壞的歌劇院的照片和托斯卡尼尼的肖像畫——這兩者訴說着斯卡拉歌劇院隱藏着的難以忘記的歷史。總裁熱情地開始了說明。

斯卡拉歌劇院有好幾次都瀕臨存亡的危機。米蘭市停止資金援助時也是如此。1898 年在財政困難的情況下重建劇院時，斯卡拉歌劇院起用了年輕的托斯卡尼尼為藝術導演，把劇院的命運託付給了他。

1901 年 1 月，在上個世紀使斯卡拉歌劇院名揚世界、

---

6　A·托斯卡尼尼（1867~1957），出生於意大利的帕爾馬。學習作曲和大提琴後，赴巴西。1886 年，突然受託指揮威爾第的《阿依達》，博得讚賞。以後指揮了許多歌劇。1898 年，就任米蘭斯卡拉歌劇院的常任指揮。強烈反對法西斯，移居美國，任新設立的 NBC 交響樂團常任指揮，全力培養後進。

深受市民愛戴的大作曲家威爾第[7]，在斯卡拉歌劇院附近的一家旅館裏中風病倒了。人們擔心他的病情，為減少噪音，在旅館前的道路上鋪上了麥秸。憂心忡忡的羣眾絡繹不絕地蜂擁而來。

威爾第終於離開了人世。聽到這個消息，斯卡拉歌劇院緊閉大門，中止了公演。去世一個月後，舉行追悼會，托斯卡尼尼擔當指揮。正當棺材要送往墓地時，人們唱起了歌。一個人，又一個人……自然的歌聲不知甚麼時候變成了大合唱。羣眾眼睛裏閃耀着淚光，都無心擦去熱淚，大聲地歌唱。

歌曲是威爾第作曲的歌劇《納布科》序曲的合唱"去吧，我的思想，乘上金色的翅膀"。1842 年首次公演時，意大利充滿了從外國長期統治下爭取獨立的時機。人們把自己的思想寄託在猶太的囚虜們對祖國的熱愛之中。追悼威爾第的歌聲衝上雲霄。

> 啊，如此美麗的我失去的祖國啊！
> 啊，如此可憐、如此悲傷的回憶啊！

---

7　G・威爾第（1813~1901），音樂巨匠，留下被人稱為意大利歌劇最高峰的《茶花女》、《納布科》、《阿依達》等作品。《納布科》（1842 年）描寫了成為巴比倫囚虜的猶太人與命運作不屈的鬥爭，是威爾第在第一個妻子和兩個孩子相繼身亡的悲傷中寫成的。晚年的威爾第也沒有停止創作活動。發表了《奧賽羅》、《法爾斯塔夫》。

再一次燃起心中的回憶，

對我們講述那逝去的日子吧！

(戶口智子譯)

　　在這以後，托斯卡尼尼答應了紐約的劇院要他就任音樂導演的要求。他進一步與當時已經抬頭的法西斯對立，與法西斯分子們發生衝突，離開了斯卡拉歌劇院。

　　時光流逝，第二次世界大戰中，斯卡拉歌劇院遭到大空襲，悲慘地變成一片殘牆斷壁。解放後，市民們首先要求再建斯卡拉歌劇院。人們赤手空拳與燒塌的瓦礫堆進行了搏鬥。重建工程進展順利，1946年5月，終於舉辦了重建後首次公演的音樂會。樂隊指揮誰都認為只能是"他"。是的，大家都盼望他歸來。

　　78歲的托斯卡尼尼終於從紐約回到了米蘭。人們狂熱地歡迎，完全陶醉在闊別了28年的他的指揮棒下。

　　巴迪尼總裁滿懷熱情不停地講述着。會談房間裏懸掛着的幾張遭到破壞的建築物的照片和托斯卡尼尼的肖像畫，說明了斯卡拉歌劇院靈魂的歷史，也說明了斯卡拉歌劇院對人們來說，正是和平與民主主義的象徵。

　　第二天，我再次應總裁的邀請，拜訪了斯卡拉歌劇院，欣賞了正在公演的由克勞迪奧・阿巴多指揮、由倫敦交響樂隊演奏的穆索爾斯基[8]作曲的《圖畫展覽會》。阿巴多在斯卡拉歌劇院長期擔任音樂導演，作為開闢斯卡拉歌劇院新時代的常任指揮而廣為人知，是一位名不虛傳的名指揮、名演奏家。

我那時的旅程是一次為期約兩個月、繞世界一周的相當緊張的強行軍。當時因年輕力壯，所以才有可能。要是現在，恐怕是很難做到了。十分感謝能有這樣忙裏偷閒的片刻時光。

期待已久的米蘭斯卡拉歌劇院的來日公演，按預定的計劃，於當年（1981 年）的秋天實現了。那是由來日的 490人的陣營組成的大舞台。開幕公演的劇目是威爾第作曲、阿巴多指揮的《西蒙·波卡列古拉》。托廖利市長也來到了日本。

回想起來，我第一次訪問斯卡拉歌劇院是 1965 年的秋天。當時心裏就有一個想法，一定要把世界第一流的舞台聘請到日本來。在當時日本的文化藝術有關人士當中，有人投以懷疑的目光，或者加以嘲笑，認為“學會、民音之類的組織，請不來斯卡拉歌劇院那樣的大舞台”。我十分

---

8　M·穆索爾斯基（1839~1991），19 世紀俄羅斯國民樂派的作曲家。出生於俄羅斯西部一個地主家庭，是最小的兒子。從母親那裏接受了鋼琴的入門指導。在士官學校學習期間，參加了國民樂派的小組（現在以“五人組”而聞名），與 R·科薩科夫相識。1858 年退役後，專心從事音樂活動。鋼琴組曲《圖畫展覽會》是 1874 年的作品（後由拉威爾編成管弦樂曲）。

清楚他們輕視、小看我們的心理。我當時 37 歲，他們以為這是做夢，也可以說這不無道理。

聘請斯卡拉歌劇院，本來由國家來進行，也許更合適。但是，我作為一個音樂愛好者，一直熱切地希望能為文化交流開闢道路。這樣的想法至今也沒有改變。而且當時年輕，所以懷有夢想，為實現夢想竭盡了全力。

關於普契尼[9]作曲的《波希米亞人》，是公演進入後半部時，我才作為民音的創立者去鑒賞的。開幕前我再次會見了巴迪尼總裁，說公演已經得到了極大的好評和讚賞，對公演的成功表示了衷心的感謝。

來日公演了 26 場，在兩國的交流中留下了歷史性的足跡。不僅是樂迷們，廣大的聽眾也都第一次品嚐到真正的藝術的妙味。從民音的使命來說，也是一件非常美好的事。

---

9　G・普契尼（1858~1924），出生於意大利的托斯卡納地方。在米蘭音樂學院學習後，發表第一部作品《匹里》。在《托斯卡》（1900 年）、《蝴蝶夫人》（1904 年）之後，還寫了很多作品。《波希米亞人》是 1900 年的作品。

# 演講《迫害與人生
## ── 對歷史與人物的考察》

　　從法國南部美麗的綠色中心城市埃克斯昂普羅旺斯，驅車在豐饒的田園地帶約 30 分鐘，就到達特雷茨市。SGI（國際創價學會）的歐洲研修中心就坐落在該市的郊外。世界各國的會員經常聚集在這裏，舉行研修會。

　　我也曾在這裏逗留過幾次。從研修中心可以看到宏偉的聖維克圖瓦山（勝利山）。從這裏眺望羣山，從大地上緩緩地隆起，山頂幾乎是平的，與大地成平行線，連綿不斷，山體是白色的岩石，凹凸不平，缺少綠色，與日本山脈的風貌迥然不同。

　　隨着早晚光照的不同，山的色彩也千變萬化。在朝陽的照耀下，山閃耀着銀白色的光芒，神聖莊嚴。正午，由於光線的反射，增加了白色的濃度，令人目眩。夕陽西下，把山體染成一片火紅。陰天，岩石山整體的陰影呈深藍色，有着與晴天不同的厚重感。每天的每時每刻，山就像活着似的，變換着不同的景觀。

畫壇巨匠保羅・塞尚[10]曾經固執地，甚至頑固地不斷描繪這座山，好像要把它烙印在自己生命的畫布上。山是隨着看山的地點而改變其形狀的。從塞尚主要作畫的地點望過去，山頂下起伏的綠色的羣山是非常宏偉的，我們從歐洲研修中心看到的山容，是塞尚在加達訥近郊畫的形狀。這幅畫現在收藏於華盛頓的國家美術館。總之，眺望這座山，總是令人感慨無量。

創價大學創辦（1971年4月）以來，我曾經找機會向學生們演講過數次。最深留在記憶中的一次，是1981年11月在創大節上以《迫害與人生 ── 對歷史與人物的考察》為題所作的演講。

我的願望是希望學生們學習在人類史上留下偉大足跡的先人的人生態度，同時磨練自己敏銳洞察真理的目光。也是希望這能成為他們在今後漫長的人生道路上堅定地生活下去的精神食糧。我正是出於這樣的心情而作這次演講的。在演講中，我也提到了塞尚。

我作演講的1981年，正是冒牌的聖職者瘋狂攻擊學會，其橫暴與陰謀達到極點的一年。集中對我的誹謗中傷，

---

10 P・塞尚（1839~1906），法國後期印象派起指導作用畫家。出生於法國南部的埃克斯昂普羅旺斯。22歲時去巴黎，專心作畫。但當時對印象派的誹謗中傷非常激烈，未得到好評。今天在考慮20世紀繪畫時，塞尚作為不可替代的重要畫家，廣為人知。

當然不斷發生。

我個人是無所謂的，不論甚麼都能挺得過去。但是，我不能不鼓勵那些擔心創立者而痛心的學生們。我懷着如同在草坪上沐浴着秋日的陽光和五六位學生親切交談的心情，作了這次演講。

## ❖ 苦難使人生飛躍

演講的開頭，提到我年輕時就信奉的一句格言——"波浪每遇到障礙，越增強其堅固的程度。"要成就偉大的事業，碰到諸多障礙是當然的事。不要忘記，正是這個時候，自己會鍛煉得更加堅強，會更加發出光輝。苦難確實是使人生從黑夜轉向黎明，從混沌飛躍到有秩序的回轉軸。

關於塞尚，他年輕的時候，從出生的故鄉埃克斯昂普羅旺斯來到畫壇的中心巴黎，正式專心於繪畫。他同與御用的學院派對抗的所謂印象派的雷諾阿[11]、畢沙羅[12]等人交往，在第一次印象主義展覽會上展出了作品。但是，他的畫遭到嚴厲的批評，認為是"受錯亂精神驅使畫出的瘋子的繪畫"。（收入《世界美術全集》，野村守夫著，山田書院出版）

三年後，在同樣展覽會上展出了作品，但遭到了比以前更加無情的嘲笑。到繪出的《維克多·肖凱的肖像》時，有人甚至惡毒地批評說"好像是瘋子的畫"（同前書）。比常人加倍敏感的塞尚的心受到深深的傷害，在失意中回到故鄉，有時變得非常固執，心靈難以打開。

後來馬蒂斯[13]說："塞尚是我們所有人的老師。"他是馬蒂斯等人的野獸派、畢加索等人的立體派的先驅，被稱讚為"現代繪畫之父"。他的偉大的足跡和後世對他的高度評價，從與他同時代的社會對他的不理解和侮辱來看，簡

---

11　A·雷諾阿（1841~1919），法國印象派代表性畫家。4 歲時與家人遷居巴黎。20 歲時師事格萊爾，在這裏與莫奈、西斯萊等人相識。晚年因風濕症，手不能自由活動，把畫筆綁在手上作畫。這位不屈不撓的畫家，一生不斷有名作問世。

12　C·畢沙羅（1830~1903），法國畫家。1855 年在法國舉辦的"世界博覽會"上接觸到柯羅的作品，更加提高了對風景畫的熱情。1870 年，為躲避普法戰爭，移居倫敦。這時與莫奈相識，共同受到特納的影響。畫室在戰爭中被普魯士軍隊毀壞，初期作品大多紛失。

13　H·馬蒂斯（1869~1954），活躍於 20 世紀前半期的畫家。1893 年在巴黎的官立美術學校學習。師事莫羅，在那裏與魯博、馬爾凱等人相識。初期的馬蒂斯受印象派巨匠們的影響，20 世紀初期開始在國際畫壇上逐漸受到好評。1937 年的塔希提島旅行，磨練了馬蒂斯的素描。

直是不可想像的。他的一生幾乎都是在嘲笑和侮辱中度過的。

在我的演講中，除了塞尚，還不問古今東西，簡潔地提到甘地、雨果、屈原、司馬遷、賴山陽和吉田松陰等先人，他們都把障礙當作鍛煉，走信念的道路。

中國戰國時期楚國詩人屈原說道：“亦余心之所善兮，雖九死其猶未悔。”多麼強烈鮮明、深深震撼人心的詩句啊！

要說堅持與迫害作鬥爭，就不能不提到勇敢進行非暴力大鬥爭的聖雄甘地[14]。愛因斯坦[15]稱讚甘地是“20 世紀的奇蹟”。他頑強地宣揚“不畏懼、不屈服”，跳進民眾的大海。這種果敢的實踐，至今仍未陳舊，與我們的民眾運動有着深深相通之處。

多年之後，我獲得了甘地民眾福祉財團頒的“甘地誕辰 125 週年紀念和平獎”，印度國立甘地紀念館館長拉達克里希南博士把聖雄的胸像贈送給了我。對我的評價是

---

14  M·甘地（1869~1948），印度獨立運動領導人。最初在孟買開業當律師。從 1893 年開始，在南非逗留 22 年。回國後，為謀求印度獨立，正式開展“非暴力、不服從”運動，一直到 1948 年 78 歲時遭暗殺，從未停止過行動。詩聖泰戈爾稱頌他為“聖雄”。

15  A·愛因斯坦（1879~1955），理論物理學家。出生於德國烏爾姆。在瑞士蘇黎世工科大學學習數學、物理學。1901 年取得瑞士公民權後，發表《特殊相對性理論》等論文。1921 年獲諾貝爾物理學獎。1933 年因希特勒排斥猶太人，逃亡美國。1955 年發表廢除核武器和停止戰爭的和平聲明。

"和甘地同樣在全世界開展和平運動"。這也是贈送給所有兢兢業業地推進運動的尊貴的同志的榮譽。

另外，1994 年在東京富士美術館舉辦了前面談到的"阿育王、甘地、尼赫魯展"。這個展覽會完全是我在創價大學的演講的繼續。發掘精神閃光的工作，是沒有盡頭的。而且，只有把它變成人類的共同財產，才會在蘊藏着對立與抗爭的未來真正地發揮作用。

在古代印度，阿育王把佛法的慈悲與和平的哲理作為自己的政治理念，締造了世界史上罕見的和平國家。稀有的領導者甘地，用寬容和非暴力把印度引向獨立。甘地的繼承人、印度首任總理尼赫魯[16]，繼承了甘地傑出的精神體系。他們三人的"療傷之手"是甚麼呢，是怎樣引導人們，怎樣開展人本主義的實踐呢？

這不是說明榮華富貴的財寶的展覽，而是集中展示了簡樸的隨身物品和親筆寫的記錄、日記以及讓人追憶其事蹟的遺物。展覽引起了很大的反響。令人高興的是哲學和精神的價值引起廣泛的注目，最重要的是它給處於閉塞狀態的時代和社會帶來了一線光明。

---

16 P・J・尼赫魯（1889~1964），印度首任總理。1916 年參加甘地的國大黨，投身於印度獨立運動。直到 1947 年獨立，數次被捕坐牢仍不屈服，堅持鬥爭，直到 1964 年 74 歲時病逝。作為總理，為印度的國家建設盡力，掌握政權 17 年。1957 年攜女兒英迪拉來日，贈送日本兒童一頭以女兒名字"英迪拉"命名的幼象。

## ❖ 有地方可以回歸的人是強大的

　　創大的學生們敲開了建校不久的大學之門，一起學習，苦樂與共，從頭開始創建傳統。演講是我贈給他們的一點心意。即使就職，那也是為後輩們開闢道路的寶貴的挑戰。對這些將驕傲地畢生高舉"創價大學畢業"這一使命的同學們，我作為創校者，無論如何都想要說些甚麼。

　　我總是懷着一種感謝他們來到我創立的大學的心情，與學生們接觸。如同對待自己的孩子一樣，我無日不為他們未來的苗壯成長祈求，無日不為他們的成長費盡心思。我經常去大學，在校園裏找到機會就與他們交談。

　　正因為如此，我希望這些年輕的靈魂能牢牢地掌握"人生中的迫害"的意義，在以後前進的道路上有效地加以利用。

　　當然，也會有挫折、失敗、失意的日子。不斷遭到冷笑的塞尚，從巴黎回到了故鄉。那裏是復活再生的地方。有了這樣的地方，就可以東山再起。對於塞尚來說，埃克斯昂普羅旺斯是可以一心從事繪畫的空間。在那裏，可以忍耐再忍耐，不用說人們的漠不關心和冰冷的目光，就連後世的批評也可以超越。

　　不論發生甚麼，有地方可以回歸的人是強大的。創大學生也在把青春的校舍當作自己的故鄉，堂堂正正地面對嚴酷的現實。

塞尚還是反覆不斷地面對着一個對象，燃燒着生命進行搏鬥。這個對象就是聖維克圖瓦山。他描繪岩石交織成的光與影、富於起伏變化的雄偉美，忘卻了孤獨和人們的嘲笑，燃燒掉自己的生命。那些凹凸不平的山羣，在永久的沉默中，不斷地激發起他的創作慾望。與山對峙，也就是要逼近繪畫的終極。山毫不動搖地接納了塞尚，塞尚也通過對山的盡情描繪，毫不動搖地深化了自己。

塞尚說："聖維克圖瓦山是怎樣扎下根的，這片土地的地質是甚麼樣的顏色 —— 這一切都激勵和昇華了我的心靈。只要不是隨便地畫，而是冷靜耐心地畫，就一定會達到明晰的狀態。這樣，我們就能夠以一種堅定的態度來面對人的世界。"（P・M・道蘭編《回憶塞尚》，高橋幸次、村上博哉譯，淡交社出版）

1906 年，塞尚在雨中作畫時倒下，離開人世。

直到生命的最後，還執着地同普羅旺斯的山野搏鬥，其結果就有了今天的塞尚。

演講早已過去了 17 年的星霜，創價大學刻下了熱心求學的年輕人的年輪，畢業生已超過了 30000。聽那次演講的學生們也踏入了實際社會，刻下了一道道有價值的人生的年輪。

當然，在苦難的風暴中孜孜不倦地堅持走信念的道路，確實不是容易的事。但是，我深信，直面人生的困境時，能用自己的步伐證明，迫害會成為躍進到未來的跳台。

作為牧口常三郎先生、戶口城聖先生的弟子，我驕傲地認為，自己是走過有着這樣決心的人生。

# 世界桂冠詩人

　　惠特曼、拜倫、海涅、泰戈爾……這些東西方的詩人們，從年輕時期以來，就是我最好的友人。我有時仰望着滿天的繁星，有時在月光如水的路上，獨自在心中吟着喜愛的詩歌往家走。那時生活清貧，又身患肺病。但是，低聲吟詩時，我的心飛上高高的天空。

　　十來、二十多歲時，我也經常即興作詩，有時還和大家一起吟誦。與現代相比，我總覺得當時的人們對文學、詩歌的浪漫、對所謂"語言美"的價值，要敏銳得多。這或許也是時代的緣故吧。但我還是相信詩心的偉大，它能滋潤乾渴的現代人的靈魂，並使之復甦。我無比相信偉大的"詩歌的力量"，它能把人與人、人與自然以及人與宇宙聯結在一起。

　　1981 年 12 月，我收到了授予我"桂冠詩人"稱號的通知。那是當時在舊金山召開的第五屆"世界詩人大會"上決定的。

　　所謂"桂冠詩人"，據說是來源於這樣的一個典故：在遙遠的古希臘羅馬時代，人們讚美詩人和英雄的榮譽，授予他們用月桂樹葉編成的冠冕。

自那以後，幾經歷史變遷，我獲得的是國際詩人團體“世界藝術文化學會”授予的稱號。該學會的秘書長、詩人克里希南·斯里尼瓦斯博士是我的老朋友。和他相遇的種種情況，我在此以前已經幾次在文章中寫過（《留在心裏的人們》、《我的世界交友錄》等）。

我作為一個詩人，這本來是受之有愧的榮譽。

我特別感到光榮的是，這稱號沒有任何權力的背景。世界詩人會議是以“通過詩歌推進世界的友愛與和平”為目的，完全根據民間自發的意願舉辦的。就拿“桂冠詩人”這個稱號來說，也是作為祈願和平的詩人們團結與交流的結果而制定出來的。

我一向以“民間外交”、“民眾外交”為信條。這項可以説是“無冠之冠”，使我感到無比的喜悦。而且據悉在日本我是第一個獲得這樣的榮譽的人。


## ❖ 對恩師的思念

直到目前為止，我都毫不猶豫地把自己寫為“詩人”。這是在熱愛詩歌、喜歡作詩意義上的詩人。

不論看到甚麼、聽到甚麼，我都會詩興湧發，產生出詩。詩歌與我的生活緊密相連。

50年前的夏季，我第一次見到恩師時，我也吟了一首即興詩。詩的開頭說："旅人啊，你來自何方，又去往何處？"在場的人們都有點愣住了。但從我來說，只不過是表達一種感動。恩師笑嘻嘻地聽着。是詩歌裝點了這次命中注定的相遇，我把詩歌當作投入恩師門下的見面禮。

回想起來，恩師有時吟詠和歌及俳句，贈給門下弟子。他經常執筆凝思，構想詩句。寫好之後，摘下眼鏡，臉龐幾乎貼到紙張上，仔細地推敲。

恩師是數學的天才，但從文學技巧方面來說，並不一定具有專業的素養。但是，詩講究的是"境界"。恩師的字字句句裏都有着足以填滿受贈者心胸的愛，有着強烈的鼓勵之心的躍動，使得該人不得不振奮起來。

我自己也數次獲得恩師這種發自肺腑的贈詩。這些詩都是恩師在自己的事業落入困境時或在戰鬥中寫下的他的萬端感慨。我把它們一一地銘刻在自己生命的深處。對我來說，這是任何東西都無法替代的寶物。

每次得到恩師的賜詩，我都發誓。如果有志繼承恩師的一切——總有一天我也要像恩師那樣，用詩歌來鼓勵友人。這也是賦予我的一項使命。一定要時而像太陽般明朗，時而像月亮般清澈，成為一個用詩歌來治癒、鼓勵友人心靈的詩人。

自那以後，每當寫詩時，我的思想首先不再考慮自己的喜樂，而是集中在"怎樣才能鼓勵朋友"這一點上。

　　贈給活躍在各地各個領域的朋友們的詩，贈給全國、全世界各個地區的長篇詩，以及贈給已結下友誼的世界各國的領導人、有識之士的獻詩等等——把所有這些詩全部統計一下，不知該有多少篇了。

　　有一次，我連日吟贈激勵各地朋友的和歌和俳句，身邊的人問我：

　　"為甚麼能吟出這麼多的詩呢？"

　　作為我來說，只不過是每天不倦不怠地作詩，日積月累，不知不覺就達到了相當多的數量。可是，從旁人的眼裏看來，也許真的以為不可思議。所以，我回答說：

　　"沒有甚麼特別的，我的想法是想方設法鼓勵人，希望他們能積極、堅強地生活下去。正是帶着這樣的想法，不斷地給人贈詩，結果就成了這樣。"

　　今天我仍在心裏繼續描繪、吟詠友人的面容。

　　接到授予我"桂冠詩人"稱號的消息時，我正在趕往四國、九州去鼓勵友人的途中，正是我傾注全部身心激勵同志們的時刻。長年被惡僧們的陰謀踐踏的朋友們，現在正站起來，重新邁開前進的步伐。

　　獲得的"桂冠詩人"的稱號，也如同天雷一般在我的胸中轟鳴："要用詩歌治癒人的心靈！""要通過詩，把'活力'

帶給友人！"

　　我訪問陰謀策動的風暴最為瘋狂的大分時，湧現的詩思直接吟詠成了詩篇《青年啊！攀登 21 世紀廣布之山吧》。

　　最痛苦的人，最有權利獲得幸福。而站在民眾的前頭，與殘暴作鬥爭，堅決保護深陷苦惱的人們的存在，任何時代都是青年。期待數百萬後繼青年們的真情，變成詩句的奔流，不知不覺、不由自主地噴湧而出。

　　在大分和平會館的管理人室裏，幾個青年在記錄我口述的詩句，並預定當天傍晚發表我的詩。時間一刻一刻地逼近，大家拚命地記錄，幾乎要把筆寫折了。

　　還出了點小插曲。由於長時間拱起一隻膝蓋作記錄，一個幹部褲子的膝蓋部分撕開了一條筆直的裂口。

　　把各自做好的記錄合在一起，整理出一份原稿，再由我用紅筆修改潤色。快臨近會議開始時，才完成了定稿，但已來不及謄寫了，好多地方被增刪的字句弄得一片通紅。


❖ 歌頌人的詩

　　1995 年春天，繼"桂冠詩人"之後，又從本部設在印度的世界詩歌協會獲得了"世界桂冠詩人"的稱號。據說我是第一個獲這獎的人。

遺憾的是，由於日程安排不過來，怎麼也不能出席在馬德拉斯舉行的頒獎儀式。據說該協會的會長斯里尼瓦斯博士在儀式上這麼說：

　　"截至今天為止，國際性的英文詩歌專門雜誌《詩人》，已經刊載了世界六大洲三萬多詩人的作品，但沒有一位詩人能像 SGI（國際創價學會）池田會長那樣強烈地打動我的心。"

　　"給民眾帶來活下去的力量、站起來的勇氣、前進的智慧，這就是 SGI 會長的詩。"

　　對於這種過重的誇獎，我只能以自己的詩歌來回報，不辜負他的期待，使自己的詩歌能"給民眾帶來活下去的力量、站起來的勇氣、前進的智慧"。

　　從前年開始，印度名校賽特·巴斯卡蘭學園將我的詩作為教材，每月舉行一次課外討論會。據說這是根據該校的理事長、詩人賽特·庫瑪蘭先生強烈的希望而舉辦的。

　　在學校裏開設詩歌課，這確實恐怕只有在"精神大國"——印度才能辦到。姑且不談我個人，這種"親近詩歌"的嘗試，將會使孩子們的心靈變得多麼豐富啊！直觀的力量有時會帶來宇宙般的廣大的境界，不用千言萬語，也可以表達思慕之情。

　　試想一下，如果包括領導階層在內的各個階層、各種立場的人們都能喜愛詩歌，社會將會多麼明朗、美好、充滿活力地前進啊！……

以前我反覆地論述過，我深深地感到，"詩心復權"的必要性，將隨着時間的經過而越來越顯得重要。

說到詩人，人們只想像在某種浪漫的世界裏遊戲的奔放熱情。這當然也是一個方面。但是，真正的詩人同時會是"戰鬥的人"。因為他深深地愛人，對人間社會的不正、邪惡不能閉眼不看，不能見了裝作沒看見。

雨果是這樣，泰戈爾也是如此，要忍受世上的不正、腐敗，他們太重視"人"了，對自己太誠實了。作為一個詩人，對人的命運的責任和義務是很敏銳的。所以，他們一輩子都堅持與橫暴作鬥爭，始終都吟詠"歌頌人的詩"。

前些天，我再次會見了拉丁美洲代表性的巴西詩人、被人們稱為亞馬遜的守護人吉阿戈‧德‧梅洛先生。他也是一位堅持與非正義的社會作鬥爭，有火一般熱情的詩人。

他遭到迫害，不得不流亡國外，而終於可以回國了，卻又立即以莫須有的罪名被關進監獄。之後仍是不斷地被捕和入獄。著作總是受到禁止發行的處分。偉大的人物不知為甚麼在祖國難以受到正當的評價，反而受到祖國的冷遇和迫害，這是歷史上常有的事。

這位梅洛先生說：

"（被關進監獄的時候）我自己跟自己說：‘絕對不能灰心，不能絕望，一定要抱有希望！’在讀到池田會長的著作後，這種想法變成了一種‘確信’。為了‘絕對不能灰心’的信念，為了人類光輝的未來，我要和池田會長一起前進。”

寫出以"鬥爭的人生"為題名的一生的敍事詩，我認為這才是我作為世界桂冠詩人能夠謳歌的最高的詩篇。我相信後繼的青年們會繼續向前！

# 《荒城之月》大合唱
## ——相隔 13 年半再訪大分

　　1981 年 12 月 8 日，大分機場籠罩在令人感到是早春的陽光中。

　　陽光和煦，從東京帶來的大衣看來是用不上了。這好像是在祝福那些戰勝無理中傷的風暴、迎來了"心靈的春天"的朋友們。

　　距離上次訪問，時光已經流逝了 13 年零 7 個月。包括我辭去第三任會長的那段時間裏，我熱愛的朋友們遭受了多麼痛苦的襲擊啊——大分是所謂的第一次宗門問題（參閱第 74-75 頁。——編輯註）着火點的所在地。

　　"在信仰的世界裏，可以這麼幹嗎？""為甚麼謾罵、凌辱沒有任何罪過的人呢？"——由於過度悲傷，純樸的草創期的朋友們經常傷心落淚。青年們怒火中燒，再三地忍耐着。

　　但是，黑夜之後必定是黎明，狂暴的天空總會晴朗。長時間遭到風暴肆虐的大分，現在正迎來嶄新的前進的黎明。

在通往大分市內的國道 10 號線上，海與風都在黃昏柔和的光線中散發着光輝。

不知道從哪裏聽到我要到來的消息，沿途都有朋友們在等待着我。有背着幼小孩子的婦女，有高齡的老人。有的人在説着甚麼，有的人眼泛淚花。

我立即讓人減慢車速，從車窗裏使勁地揮手回應他們。國道上車流量大，再會的喜悦歸喜悦，這樣下去是很危險的。

我要後面的人傳達我的話：謝謝！我一輩子絕不會忘記大家。

不論在甚麼地方，我都不會忘記關照過我的人、真心對待我的人。不，是不能忘記他們。

以前恩師經常説："大作是甚麼都記得清清楚楚的。"我也曾和恩師下過棋。恩師笑着説："就是下棋，也記得上次是怎麼下的。這樣下去，我可敵不過你了。"

何況相遇往往是一生只相遇一次，現在眼前遇到的人，也許再也不會有第二次相遇了。

所以，那個人的容顏相貌，當時的情景，每一瞬間都印在我心靈的感光紙上。不知甚麼時候這已經成為我的一種習慣。

誰在甚麼地方做了甚麼，當時的情況歷時越久，回憶起來反而越發清晰。

這天開始的相遇的連續劇，一幕一幕在我的心中也像照片一樣鮮明。

和代表們的座談會、發表長詩《青年啊！攀登 21 世紀廣布之山吧》的縣青年總會等活動接連不斷。全縣的朋友絡繹不絕地來大分和平會館聚會。

很自然地獲得了和他們不斷進行交談的機會。在逗留的五天期間，以各種方式與我會面的人，約有 10000 人。

不僅僅是活動和開會，還在厚紙箋上揮毫題字，吟詩贈詩。有時間還在會館裏到處走走，用牧口先生、戶田先生的名字，給院子裏的樹命了名。站在窗前，凝神注目有哪裏來訪的客人，一心只想着"同志們會不會滿意，還有沒有可以做的事"。


❖ 組織從人出發，回歸到人


訪問大分，再次痛感到依靠組織堅定地生活下去的重要性。

"組織"這個詞，也許可以改說為"和同志們在一起"。任何人都不可能獨自一人前進，在正確的道路上前進更是困難。組織的重要性就在這裏。

過去在信濃町的舊學會本部的會長室裏，恩師曾這樣説過："有人認為'有了組織，就會受組織的束縛'，只抓住這一方面而對組織感到厭煩。可是，沒有組織，只憑個人頑強堅持信仰，在現實中是辦不到的。"

組織從人出發，回歸到人。

不要忘記，正因為有這個組織，軟弱的自己才獲得了支持。任何地方都不會有自由隨便的佛道修行，沒有任性妄為的修行。

脫離組織，任性胡來，甚至反叛，對朋友放箭，其下場將極其悲慘、極其可憐。大分的朋友們比誰都清楚這種殘酷性。

中途背叛而去的人的寂寞孤獨，和堅持信念的勇者的滿懷希望——在這次大分的旅程中，每天都可以看到這種嚴肅的鮮明對照。

訪問大分最後一天的前夕，預定第二天由陸路赴熊本。在會館的一個房間裏，大家商量着去的路線。

當時我剛剛開始戴眼鏡，大分的朋友擔心我看不清字小的地圖，為我準備了一份大分和熊本的略圖，把它大大地畫在一張模造紙上。

前去熊本的路線有兩條。一條是從別府穿過湯布院和九重，另一條是通過大野和竹田到達阿蘇。如果要選擇的話，據說前者道路好走，又不浪費時間。

但我聽說，竹田是縣裏遭受最無情的鎮壓和攻擊的地方。如果説我的旅行是一次激勵之旅，那麼，應當採取的路線只有一條，那就是到同志們最受苦的地方去。

### ❖《荒城之月》的舞台、和竹田的朋友們在一起

高聳在竹田土地上的網城堡，是瀧廉太郎的名曲《荒城之月》的舞台。

我預定在這座古城堡腳下的一家路邊餐館裏和竹田的朋友們座談。

但是，據説除了參加座談的友人之外，還有許多人絡繹不絕地朝着城堡遺址的廣場開始聚集。既然這樣，我決定座談會後就上廣場去。

我對兩位在第一線上辛苦奔忙的中年人説："一塊兒去吧！"要他們坐在車內我旁邊的座位上。他們有點拘謹，怎麼也不肯坐，勸説了好幾次，才勉強坐下了。

在到達城堡中心舊址的短短的時間內，他們倆都是説了又哭，哭了又説。大家感到多麼痛苦和委屈啊！兩個大男人哭了又哭。

在竹田猛烈颳起的那場陰謀策動的風暴，已經嚴然被制止了。其詳細情況，我想沒有必要寫了。

不過，可以説的是，在他們兩人的話語中，完全以平

民的心情，吐露了只有經歷過這場風暴的人才會懂得的委屈和真實。

而且，他們倆的想法，也就是竹田的所有朋友的想法。

城堡中心的舊址令人回想起武士們的往昔歲月。聚集在這裏的同志約有 300 人。

這是一次重新出發的集合，已經不需要眼淚了。勝利的人們的集會，變成了拍攝紀念照片的熱鬧場地，不知從甚麼時候開始，擴大成一場《荒城之月》的大合唱。

説是拍攝紀念照片，但人數也太多了。看來大家都在擔心自己能不能納入鏡頭。有的人為了能照出自己的面孔，挺直脊背踮起腳；有的人希望能稍微靠中間一點，互相推擠着，一時顯得有些混亂。

這時，隨行的攝影師高聲説道："沒關係，大家全都能拍進去。"他靈機一動，爬到近旁的一棵高大的櫻花樹上，為大家拍攝。

時間約花了一個小時。雖然依戀不捨，但日程毫不留情緊迫着我們。

告別之後，乘上了麵包車。麵包車在單行線的坂道上一邊不斷地急轉彎，一邊朝着城堡舊址的下面駛去。每當汽車轉彎時，我都要向右或向左改變方向，隔着車窗向大家揮手。

朋友們的一張張面孔漸漸地遠去 —— 在那邊，在一連五天都是晴天的訪問期間，廣闊的天空特別湛藍。

談一點題外的話。當時我去訪問不同地點，大多使用麵包車。

對我來説，這也是在辭去會長後，隔了好久才獲得的訪問各地的機會。朋友們在等待着我，日程也有限。我希望能在這期間盡可能與更多的人交談。

能不能一邊移動，一邊找到這樣的時間和場所呢？——想來想去，結論是坐麵包車。

麵包車可以乘坐三十來人。這樣，就可以在去的地方，讓那裏的人們坐上車，一邊商談一邊乘車。

和大家熱熱鬧鬧地親切交談的樂趣，只有在乘坐麵包車的途中才能得到。據説其中還有人稱呼這是“移動的本部”、“移動的參謀室”。

在開往熊本的麵包車裏，隨行的《聖教新聞》記者跟我商量，説想把在同城堡拍攝的紀念照片大大地刊登到報上。我們立即把當天的報紙攤開在面前，研究怎樣處置照片和安排版面。

這是一張拍進了 300 人的照片。從大小上推算，一面報紙的橫幅怎麼也容納不下的。説硬要放進去，每個人的面孔就會變小，看不清楚。

也可以考慮用橫跨兩面的“合版”來刊登。但從出報的常識來説，據説很少有先例。怎麼辦好呢，記者看來很傷腦筋。

於是，我提出了一個建議——

這也許確實沒有先例。但是，重要的是，要把聚集在這裏的人們——頂住狂風的無名的平民的光榮留在歷史上。《聖教新聞》是"人的機關報"。平民並不是指這許多人中的某一個人。報道他們每個人都是主角，不正是你們的使命嗎？

後來，橫跨兩面的大幅照片刊登在報上。每個朋友明朗的笑臉，都清晰地印在上面。

令人高興的是，經歷了 16 年的歲月，現在竹田的組織已從本部發展擴大為"圈"了（本部和圈都是創價學會組織的單位。兩個以上本部可以合併成為一個圈。——譯者註）。

麵包車一路向着下一個訪問地點熊本駛去。令人懷念的朋友們在那裏等待着。

遙望遠處雄偉的阿蘇羣山，我的心也飛向激勵之旅的新舞台。

# 訪問雪國秋田

　　眼下是一片銀裝素裹的世界。在機首上下俯瞰，冬天的景色中，展現出稻米之鄉秋田大片大片的水田。

　　1982 年新年之後不久，1 月 10 日下午 2 時多，飛機到達秋田機場。立即坐車去文化會館。據說要行駛一小時的路程。前行不一會兒，左邊就出現了雄物河。隆冬的河流，在嚴寒中曲曲折折地緩緩流動。白雪給河流的兩邊鑲上宏偉的曲線。

　　車子駛入了第一個街鎮。那是名叫雄和町的大街。因是星期天，休息的加油站的旁邊好似有人的動靜。一個人、兩個人不聲不響地從隱蔽處走出來，生硬地搖着手。我立即讓車子停下，急忙打開車門。也許是出自東北人謹慎小心的特性吧，他們這才跑了過來。

　　好久沒有訪問秋田了。10 年前（1972 年）秋田遭受水災後，我曾經為激勵會員們來過這裏。

　　近來猛烈地颳起了第一次宗門問題的風暴，卑劣的陰謀活動不斷地發生。農村地帶是特別重視血緣、地緣關係的共同體，做法事等活動中互相幫助是常有的事。惡僧們竟在葬禮等做法事的席上，當着在場的親屬的面，攻擊死者"要下地獄"、"成不了佛"，辱罵參加的人。對這種非人的惡行，同志們恨得咬牙切齒，也只好強忍着。

朋友們流下了血淚。

"說我們不好，還可以忍着。可是，用毫無根據的誹謗辱罵先生是不能饒恕的。宗門的大發展，是學會帶來的啊！"——對秋田這樣值得嘉獎的同志，我感到非常可憐。

我一定要去激勵他們。繼前一年訪問最飽受痛苦折磨的大分之後，出於這種無法抑制的心情，不顧周圍"等春天以後再去"的勸告，飛到了寒風凜冽的秋田。

我跟大家說："我來了，不要緊了！放心吧！""讓大家受苦了。不要再擔心了！""我知道了，決不能屈服！""我堅決保護大家！""絕對不寬恕破壞佛法的行為，讓我們一起戰鬥吧！"

這是在積雪的街頭召開的所謂即興座談會。大家說不出話來，互相點頭示意。朋友們眼中閃着淚光，有的婦女忍不住嗚咽起來。為了表示一點心意，我在現場與大家一起拍了紀念照片。

出了雄和町，車子向秋田市內駛去。不過，途中停了好多次。經仁井田、牛島、卸團地……最後到達文化會館，在九個地方與總數近千名同志進行了交談。

據說最初每當車子停下時，同行的當地的幹部以為發生了甚麼事。因為下面還有很多的會員，他們感到惶恐和為難，不知道怎麼辦好。大家都在翹首等待，在滴水成冰的嚴寒中，在雪地上踱來踱去，等待着我的到來。

我在內心裏為 10 年的空白感到愧疚，於是開始了全速運轉。預定在文化會館裏要度過繁忙緊張的六天時間。三樓設有天窗的窄小的會客室，成了我的戰場。

那天傍晚，在縣婦人部長經營的快餐店裏，和大家一起一邊吃晚飯，一邊開了代表會議。聽說這家店是全年照常營業。要建立基業，恐怕就需要有這樣的心氣。學會的活動地是由於不停歇地東奔西走，所以才有今天的發展。大家圍着精心調製的火鍋，吃着秋田風味的飯菜，留下了深刻的印象。一切都可以說是生命感應的不可思議吧，我相信這一定會產生爭取成長的啟發。

第二天，去市內功勞者家拜訪。那是已故的伊藤福次的家。

以前，作為不斷發展的總寺院的一項重要事業，戶田先生曾經把鋪設自來水管道當作一個課題。在此以前，總寺院大石寺沒有找到地下水脈，打水是一項重勞動。這樣，大石寺就不可能接待很多登山的人。於是就委託秋田地區部長、經營鑽探業的伊藤福次試掘水脈。水脈很難找到，伊藤有時還被戶田先生嚴厲斥責。

1955 年 3 月，第二次試掘成功，發現了豐富而優質的水脈。這是"湧出的泉水"，被看作是弘揚佛法獲得發展的吉兆，長年未解決的問題得到解決，大家不禁歡騰起來。

戶田先生為了整頓總寺院的威容，曾經多麼煞費苦心啊！

我想起伊藤曾經笑着說："我經營鑽探業 30 年，挖掘了幾千個礦山和溫泉，從沒有幹過這麼緊張的工程，沒有辜負戶田先生的期望，真的太好了。"

他的那張圓臉笑得更圓了。自那以後，他成為秋田的中心人物，全家都一直很活躍。

在古稱陸奧的秋田，我也思念着戶田先生，一邊回憶我們共同走過的歷史，一邊同伊藤的家人進行親切的交談。我祈願他們家永遠繁榮，並希望他們繼承故人的遺志，為弘揚佛法獻身。特別高興的是大家都很健康。


## ❖ 第一屆青年部總會

我手頭有兩張放大了的大照片。那是我到達秋田的第四天，在文化會館前的公園裏和自發聚集而來的當地朋友拍的紀念照。一張是上午、一張是下午拍的。

那天早上，拉開窗簾，從文化會館三樓往外一看，外面下着小雪，會員們的身影映入我眼簾。這也是由於召開了紀念幹部會，全縣的會員們都知道了我逗留在這裏。

因秋田小町香米而享有盛名的產地大曲，和在米代河流域因秋田杉樹而聞名的林都能代，都是最遭受戴着聖職者假面的惡僧們的折磨的地方。沒有任何人跟這些朋友說過，是他們自己陸續不斷地來的。住在最遠的大館的朋友們，據說是跳上早上第一班火車趕來的。

我當時的心情是"當起遠迎，當如敬佛"（《法華經·普賢菩薩勸發品第二十八》—— 編輯註）。真想一個一個地擁抱他們。

就是這樣出乎意料地，在文化會館前面的公園裏拍攝了大規模的紀念照片。據當地的幹部說，即使預先計劃也達不到這樣的規模，完全是自然形成的，最後聚集了 3000人。他們如同潮水上漲似的，從全縣絡繹不絕聚集來的。回想 10 年前訪問秋田的時候，由於水災的襲擊，不得不中止了紀念照片的拍攝。可以說，10 年後才實現了，把它補上了。

我和大家一起合唱了《人間革命之歌》。"冒着風雪，挺起胸膛，奮勇向前進！"—— 我們帶着"看咱們秋田吧"的幹勁，高唱凱歌，高呼萬歲。

看一看照片，沒有一個人低着頭，沒有一個人側着身，連公園最後面的人全都昂首挺胸，歡快無比，笑容炫目。

我吟短詩一首：

寒風中，歡歡喜喜，求道弘法。

秋田友人，昂首挺胸，容光煥發。


上午和下午拍攝紀念照片的小組，分別起名為"暴風雪"和"暴風舞"。街頭座談會的朋友們叫"白銀"小組。

第五天，全縣 1500 名代表匯聚一堂，召開了第一屆青年部總會。我對他們說："不管大家怎麼想，我把你們都當作池田的門生，給予信任。"對他們寄予了最大的期待。

會上，成立了 2001 年第一期會，提出了遠大的目標。作為近期的目標，大家決定這年秋天舉辦世界農村青年會議和和平合唱節。

我深信秋田已經穩如磐石。


## ❖ 真情的雪窖洋溢着春天的樂曲


在秋田市的中心區、舊藩主佐竹氏的久保田城堡的舊址，有一座以名園而聞名的千秋公園。這座名園是江戶時代的漢學家、當地出身的狩野良知命名的。他認為祝願天長地久的"千秋萬歲"這個詞，與秋田這個地名有關聯，為祝願故鄉長久繁榮昌盛，所以起了這個名字。

清理得乾乾淨淨的護城壕裏，叢生着有名的"大賀蓮花"，據說盛夏時開滿了這種粉紅色的花朵。花梗從水面伸出一米來高，直徑 30 厘米的大朵的花兒，向着朝陽競相綻開，聽說景象十分壯觀。在美麗的花朵之間，交雜着花瓣已經凋落的花梗。花梗尖上由雌蕊成長起來的花托膨脹，長出蜂巢狀的果托。果托裏包含着發育長大的蓮子，為即將到來的出生做準備。佛法宣揚"因果俱時"的法理（因與果是一體的，沒有先後的差別。與"因果異時"相對——編輯註），是由來於蓮花（"因"）與蓮子（"果"）同時生長的蓮花。不過，這樣的景色確實是很美的。

1951 年從千葉市檢見川的遺址中發掘出兩千多年前的蓮花種子。以蓮的研究而聞名世界的已故大賀一郎博士使這些蓮子發了芽開了花。這就是大賀蓮花。就是説，從果托中墜落到泥中的蓮子，保持原樣，沒有發芽，存活了長達 2000 年的壽命。大賀蓮花很快就傳到全國各地，在關西的創價學園和千葉的茂原文化會館都開了花。粉紅色的花朵飄逸着深長的情趣，好似在説明超越時空的生命的強韌性和可能性。

無獨有偶，最近京都從距今約 600 年前的室町中期土層中出土的山茶花也發了芽，被人們看作是從漫長的睡眠中蘇醒過來的"室町山茶花"，已成為人們經常談論的話題。種子的壽命真是超過想像的長久。

以前正當日蓮大聖人立宗 700 週年時，大賀蓮花好像是為了慶賀這一佳節而開了花。當時戶田先生寄思於大賀蓮花，認為這是大法隆盛的瑞相（佛法興隆的吉兆之意——編輯註），不勝欣喜，發誓要進一步弘揚佛法。

佛法認為，一旦在人們生命的心田中種下妙法的種子，總有一天會開花，結出成道的果實。出於這種確信，不論是國內或國外，我都要在訪問的地方深深地祈願，希望那裏能與佛法結下深緣。在秋田，我也是認真地拚命地祈禱。

當年秋天召開的世界農村青年會議和和平文化節，都大獲成功，受到地區人們的稱讚。從冷酷無情的聖職者的權威中解放出來的民眾的佛法運動，以後從容地戰勝了宗門破壞佛法的陰謀策動，在秋田也穩如磐石，取得了強有力的發展。

當時結成的攝影小組，據說以後每年1月聚會，相約共同成長。這種心意是美好的，令人高興。今年（1997年）是15週年，有報告說，這次聚會尤其鬥志昂揚。青年們現在已經成長為壯年部、婦人部的骨幹。

當年拍攝的紀念照片中，有許多背着孩子的母親。這些背上的孩子們，也開始踏上了後繼的道路。學會精神正在一代一代切實地繼承下去。"暴風雪"和"暴風舞"小組用飛舞的雪花在裝點人生，如暴風般在使命的劇中飛舞。他們前途無量！

從回東京的前兩天傍晚起，開始飄起冷颼颼的雪花。雪花包含着濕氣，連打着的傘上都能感覺到它的重量。大家都說這就是橫手的雪。在橫手，人們用這樣的雪造雪窰，作為冬天的季節象徵而聞名。

文化會館所在地的山王支部的朋友們，立即為我造了一個雪窰。我和妻子，還有領我們進去的人，三個人進入裏面還稍嫌大。裏面很暖和，請我們喝了甜酒。對我這個江戶佬（東京出身的人——譯者註）來說，以前雖在報刊上見過雪窰，但這裏簡直如同是童話的世界。我有感於朋友們的真情，吟和歌一首贈之：

造雪窰的友人啊，

你們的喜悅，

定會化為秋田春天的樂曲。


在秋田，大家已經實際感受到了春天的樂曲。最艱難的時刻，才會搭成最高級的舞台，上演最精彩的人間戲劇。我向朋友們——表示感謝，懷着愉快的心情離開了秋田。至今我還能鮮明地回憶起這些情景。

# 關西青年和平文化節
## —— 壓軸的六層圓塔和關西魂

　　自關西文化會館向南，隔一條馬路，在關西本部舊址上，矗立着關西紀念會館。這裏曾經是作為大阪鬥爭的中心舞台全速運轉，是令人難以忘懷的地方。

　　想起恩師戶田先生充滿慈愛的話語：

　　"我一定要讓關西不再有窮人和病人。因此，我希望你去關西。代替我去，拜託你了。會很忙的，但願一切順利。"——受到這樣的囑託，我一次又一次不停地去關西。妻子甚麼也沒説，但籌集旅費一定是相當艱辛的。保險好像解約了，據説電話的債券也賣掉了。

　　後來我才知道。據説戶田先生一直為我擔心，曾經跟妻子説過："電話債券就不要賣了吧！"恩師早就洞察了一切。真是難得的恩師啊！

　　關西紀念會館同樣是三層建築，是前年12月開館的。在那裏，經常展出介紹關西創價學會的精華，和説明各種歷史的物品。據説來訪問參觀的人絡繹不絕。我覺得由此也可以感受到要把關西魂一代一代地繼承下去的傳統精神，確實是大關西的錦繡城堡。

紀念會館正面的入口處，放置着一座六層圓塔的雕像。那是青年們用人體搭成的六層圓塔的雕像，充滿了力感。

1982年初春的3月22日，關西青年和平文化節的會場──大阪市長居田徑比賽場的上空，沒有一絲雲彩，一片晴朗，陽光閃耀。

我在走向會場的路上，想起了第一次訪問舊關西本部時的情景。

那是1956年新年剛過不久的1月4日。舊關西本部可以說是留下我青春的地方。它是一座三層的建築物，原是大阪音樂學校（現為大阪音樂大學）。

在這裏，在大阪的戰鬥開始之前，我參拜了旁邊寫有"大法興隆、所願成就"的御本尊，我深信"這次戰鬥一定會勝利"，並向在場的同志宣佈了這樣的決心，大家團結一致，進行了鬥爭。結果產生了11111戶入會的家庭。這對我們來說，是永留史冊不朽的金字塔。從這裏產生的勝利，在街頭巷尾被盛傳是"實現了奇蹟"。

男子部的體操隊在賽場上滿滿地立起八座五層圓塔後，還要在中心立起一座壓軸的六層圓塔。這座圓塔第一層是60人，第二層20人，第三層10人，第四層5人，第五層3人，這些人支撐、承擔着頂上第六層的一個人。

頂點有三層樓房高。據説就是體育大學等至今也沒有成功的先例。在站起來時，動作稍不一致，就會失去平衡而崩潰。風颳得大一些，也會搖搖晃晃站不起來。大家的呼吸如不一致，也不能成功。真是一種對極限的挑戰。

男子部體操隊的練習，經常利用關西創價學園的體育館作為會場。據説在整個練習期間，六層圓塔僅在正式表演的前夕成功過一次。圓塔的頂點竟達體育館的天花板。

圓塔組的成員們歷盡了千辛萬苦，終於取得了成功，高興得互相擁抱。我的長子在創價學園當教師，當時正好也在場，與他們一起分享了這次喜悦。我聽説了這樣的情況，擔心會出事故，一再地傳話，要他們不要過分勉強。

### ❖ 雨中的文化節與周恩來總理

一瞬間，一種不可思議的寂靜籠罩了比賽場，大家都屏住了呼吸，定神地注視着中央的一點。關西所有的同志都知道，那些如同自己孩子的青年們正在勇敢地挑戰六層圓塔。

這一刻，關西的各地，在自己的家中或者在當地的據點的會館裏，大家都在祈求着六層圓塔成功。"六層圓塔立起來了吧？"──文化節結束時，詢問有沒有成功的電話紛紛打到關西文化會館和聖教新聞關西本社（當時）。由此也可了解，關西的朋友們，即使人不在現場，他們的心也向着長居田徑比賽場。不愧是大關西啊！

舉辦文化節的 1982 年，正是學會會員們遭受惡僧折磨，繼而日顯宗又暗地策劃破壞佛法的時期。由於這些陰謀活動，我陷入了行動都有所顧忌的狀況。

前一年（1981 年）11 月，我再次懷着獅子般勇猛奮鬥的決心，時隔三年再訪關西。"我來了！"——我深切地懂得，曾與我共歷艱苦的關西的同志們，多麼盼待着我的這句話啊！

途中我去了一趟四國。在那裏產生了《紅之歌》。歌中唱道："堅決守護老母締造的廣布（弘揚佛法的意思——編輯註）的城堡！"當時青年部的會員們決心繼承草創期的父母丟掉虛榮和面子、堅決戰鬥的思想，要撥開烏雲，奮勇前進。《紅之歌》正好符合他們的這種心情，在全國各地廣泛地傳唱開來。

從四國再回到關西，在文化會館的大廳裏，青年們紛紛向我訴說：

"我們希望舉辦一次文化節，向天下宣告'學會在這裏，師匠健在'。"

"10 萬青年在等待着！"

在這以前，很長時間沒有舉辦文化節了。對他們的氣概和幹勁，我當然很高興。

"好，幹吧！"

記得我這麼一回答，他們滿臉漲得通紅，欣喜若狂。還希望招待關西各界眾多的來賓，開頭要有一萬名新會員的遊行。這次文化節是在對學會的攻擊日益激烈的時刻，關西的青年部要求進行反擊，以達到擴大和平陣營而籌劃的。於是，在慶賀新年的門松還在裝飾着市街的時刻就開始了練習，正式迎接這一天的到來。

第一層扎扎實實地組合好了。60 個人的身上要載着 39 個人。即使雙腳踩進大地，也絕不能動、不能晃、不能倒。第二層、第三層的青年們，腳踩着人的肩膀，一個接一個地往上攀登。

"要上了！""行！"——他們互相打着招呼，使出渾身的力氣站起來。第四層、第五層的人好似攀上脊樑骨似的站立起來。從遠處也可看出有些搖晃。不能搖晃！停！

回想起來，關西魂在文化節上總是能得到充分的發揮。1966 年 9 月，在颱風般的猛烈的風雨中，在甲子園舉行了"雨中的文化節"。當時是否堅決舉行，猶豫不決。我在豐中會館（現在的豐中和平會館）決定了舉行。現在的關西長西口（當時是男子部總合本部長），在那裏從頭到尾經歷了一切。從那以後，他一直作為關西的軸心在活躍。

當時受到青年們熱情的感染，決定把舉行的時間提前。但停了一陣的雨又開始猛烈地下個不停。少女們毫不猶豫地任憑潔白的禮服泡在泥水中，身子深陷在水坑裏，勇敢地進行了表演。她們這樣的形象象徵着一切。

在臉上都飛濺着泥水的男子部體操隊中，有當時還是大學生、現為大阪長的藤原（當時是學生部部長）。他的一直寫到舉辦文化節的日記，曾經刊載在那年《第三文明》11月號上。日記中寫道，在時間段上和正式演出相同的綜合綵排中，當由人組成的場面出現的那一瞬間，他心裏想："這會勝過東京的文化節。不，絕對要勝過！"

正是這種針對東京的，好的意義上的對抗心，帶來了有時是東京，有時是關西牽引着全體，東西互相呼應的學會的前進。恩師敏銳地注意到這一點，把我這個親信派到了關西。對恩師這樣的慧眼，我只有感謝和驚嘆。

"雨中的文化節"還有些後話。當時的紀錄片曾經傳到中國。而在中國，周恩來總理早就指示過要關注創價學會。

我和周恩來總理會晤時，擔當翻譯的是林麗韞女士（現為全國人民代表大會常務委員）。她說過這樣的證言：

"看到年輕人渾身泥漿、生氣勃勃地表演的樣子，覺得很了不起。同時實際感受到創價學會是一個以大眾為基礎的團體，深刻認識到它是爭取中日友好的重要的團體。"——以後學會從事日中友好所作的努力，這裏就不必多說了。

# ❖ 六層圓塔立起來了

頂點的男子部部員謹慎小心地踩穩腳跟，正要站立起來。六層圓塔面臨着最後的也是最重要的階段。場內喧囂消失了，籠罩着一種不可思議的寂靜。僅僅數秒的時間，卻令人覺得好像永劫般的漫長。

關西好像與雨相當有緣。前一天 —— 長居文化節的第一天（3月21日），又因大雨而中止了。有關人員一定很沮喪。

我匆忙決定出席晚上的幹部會。遭到雨淋的幹部們，穿着運動服就陸陸續續地齊集到關西文化會館的會場。

我幾乎擁抱了他們每一個人，鼓勵他們說："希望大家不要鬆懈，準備迎接明天。大雨反而是件好事。"後來幹部們回憶說："這些話使我們重新振作起精神。"

當年派我去關西時，恩師就指導我說："領導人的重要作用是甚麼呢？核心人物就是要激勵大家，不斷地給大家帶來希望、勇氣和信心。"

頂點的青年調整呼吸，搖晃着，再一次把手放在夥伴的肩上，重新做出要站立起來的姿勢，搖晃着……

"站起來！相信我們，一定要站起來！" —— 在下面支撐着的98個夥伴們在心裏呼喊着。從半彎着腰的姿勢，兩次、三次要伸直膝蓋。腳下搖搖晃晃。但是……一下子站立了起來。立起來了！立起來了！

這時，人組字的人們好像正等待着這一時刻，在金地上描繪出墨痕鮮明的"關西魂"三個大字。掌聲與歡呼聲沸騰起來。頂點的青年驕傲地揚起了臉。

表演結束，退場，人們舉起手臂。不論是誰，都互相擁抱。一遍又一遍地高唱關西之歌《常勝的天空》和那首節奏明快、令人振奮的《紅之歌》。

頑強的小伙子們用拳頭擦着眼角。

他們這時才説，如果是昨天——第一天表演，由於連日疲累，六層圓塔恐怕立不起來。就是這樣一種向極限的挑戰啊！

在那以後，考慮到危險性，在文化節上把六層圓塔、五層圓塔從節目單上取消了。但是，它無疑標誌着樹立了一座偉大的金字塔。

從那一年開始，各地一個接一個地舉辦了文化節。它在培養青年方面發揮了巨大的作用，成為擴大爭取和平的團結，徹底粉碎對破壞佛法陰謀活動的姑息的動力。它廣泛地展示了民眾中和平勢力確實存在。而且，正如關西在學會歷史的各個關鍵時刻所表現的那樣，它繼承了我締造的常勝的傳統，確實為我們打開了一個突破口。

我在手頭的節目單上，寫下了下面的一首短歌，贈給關西的青年們：

啊，關西，

天地晴朗，

十萬弟子勇士，

創造了歷史！